大常備菜事典

笠原将弘

賛否両論

KADOKAWA

はじめに

常に備える菜と書いて常備菜。

なんだか頼もしい。頼りになりそうだ。

人生においても何かにつけ、常に備えておくことは大切なことだ。

私の尊敬するプロ野球の野村克也監督の言葉にも「常に試合に出られる

準備を怠らない控え選手たちがいてくれるチームは強い」とある。

現代の日本社会において、日常生活でそこまでの大ピンチに陥ることは

そうそうないだろうが、ちょっとしたピンチはあなたの生活のなかにも

潜んでいるだろう。

中学生の息子が突然、腹ペコの同級生を 10 人連れて来てしまったとき。

娘が夜になって急に明日、弁当がいると言い出したとき。

職場の後輩が近くまで来たもんで、といきなり遊びに来たとき。

旦那の母親が呼んでもいないのに訪ねて来たとき。

そんな、何か作ってもてなさなければならなくなったときに、

冷蔵庫で常に備えている頼もしい惣菜たちがあれば、こんなに心強いことはない。

きっとあなたのピンチを救ってくれるはずだ。

私のようなプロの料理人も、好き嫌いの多いお客様や、月に何度も来てくれる

お客様の献立を変更するために、常に何種類かの常備菜を用意している。

一からすべてを作るのは大変だが、この常備菜があるおかげで簡単なひと手間で

料理を仕上げることができる。時間に余裕があるとき、

安くたくさんの食材が手に入ったときなどにいくつかの常備菜を作っておけば、

必ずやあなたの生活に彩りを添えてくれるだろう。備えあれば憂いなし。

常備菜で毎日ハッピーに生きようではないか。

2022年 初夏 また長女に勝手に酢だこを食べられた。

賛否両論 笠原将弘

目次

注：◎＝常備菜、●＝常備菜を使った料理

常備菜を作る前に

- 大さじ1 = 15ml、小さじ1 = 5ml、1カップ = 200ml、1合 = 180mlです。

- 塩は精製されていないもの、砂糖は上白糖、みりんは本みりん、酒は日本酒を使用しています。

- 油は特に表記がない場合、サラダ油を表します。

- 火加減は特に表記がない場合、中火を表します。

- 野菜類は特に表記がない場合、皮をむいていること、種やへた、筋などを取り除いていることを前提としています。

- 赤唐辛子は種を取っていることを前提としています。

- 水けはペーパータオルでふいています。

- 作り方にある「1時間以上おく」、「1日おく」などは、味を含めたり、なじませたりするための工程です。

- 鍋中、またはボウルや容器などでそのまま数時間味をなじませる場合、特に指定のない限りは常温を指します。夏場は特に指定がない場合でも冷蔵室に入れてください。

- 常備菜の保存は特に表記がない場合、清潔な保存容器に入れ、冷蔵室で3～4日間保存可能ですが、冷蔵室の状態、保存容器の状態によっても異なりますので、それぞれご自身で確認して保存してください。保存可能な期間が例外についてのみ、レシピあとに記載しています。

- 保存容器はアルコール消毒するなどした清潔なものを使用してください。ふたはいずれも粗熱がとれてからしてください。

- オーブンは熱源の種類やメーカー、機種によって加熱時間が異なります。様子を見ながらレシピを目安にご自身で加減してください。

デザイン　中村善郎（yen）

撮影　日置武晴

スタイリング　池水陽子

調理スタッフ　矢部美奈子（賛否両論）

校正　麦秋アートセンター

構成・編集　赤澤かおり

編集　藤原民江（KADOKAWA）

野菜

vegetable

◎ 菜の花のおひたし

材料（作りやすい分量）
菜の花…2わ
A
┊ だし汁…2カップ
┊ 薄口しょうゆ…大さじ2
┊ みりん…大さじ2
塩…少々

1　鍋にAを入れてひと煮し、保存容器に移して
　　そのまま冷ます。
2　菜の花は根元を2cmほど切り落とす。
3　別の鍋に塩を加えた湯を沸かし、2を根元か
　　ら入れてかためにゆでる。氷水にさらし、粗
　　熱がとれたら水けをしっかりしぼる。
4　1に3を入れ、冷蔵室で3時間以上おく。

「春一番の味わいに、やさしいだしを含ませて」

◎菜の花の白みそ漬け

材料（作りやすい分量・
21×15×H5cmの
保存容器）
菜の花…2わ
A
：白粒みそ…200g
：酒…大さじ2
：みりん…大さじ4
塩…少々

1　菜の花は根元を2cmほど切り落とす。
2　鍋に塩を加えた湯を沸かし、1を根元から
　　入れてかためにゆでる。氷水にさらし、粗
　　熱がとれたら水けをしっかりしぼる。
3　Aを混ぜ合わせて保存容器の底に薄くぬ
　　り、上にガーゼをかぶせて2を並べ入れる。
　　さらにガーゼをかぶせ、残りのAをぬって
　　（a）冷蔵室で1日漬ける。
＊　白粒みそとは、麹の粒が残っている白みそ。
　　より風味豊かに仕上がります。

a

「菜の花の苦みに麹の甘みがじんわり。そのまま食べても、刺身などと合わせても」

材料（2人分）
鯛（刺身用/柵）…80g
菜の花の白みそ漬け（p.12）…8茎
わさび…少々
レモン…1/4個

1　鯛はひと口大の薄切りにする。菜の花の白みそ漬けは
　　食べやすい長さに切る。レモンはひと口大に切る。
2　菜の花の白みそ漬けを鯛で巻く。
3　器に盛り、わさびとレモンを添える。

「白みそのうまみを含んだ菜の花を鯛で巻いた、私的春の出合いもの」

◎たけのこみそ漬け

材料（作りやすい分量・
19×13×H8cmの保存容器）
たけのこ…約5本（正味約800g）
A
：米糠…適量
：赤唐辛子…2本
B
：信州みそ…100g
：白みそ…100g
：酒…80ml
：砂糖…80g

1 たけのこは根元を1cmほど切り落とし、穂先は斜めに切り落とす。皮をむきやすいよう、切り口に縦に切り目を入れる。

2 大きめの鍋に1を入れ、かぶるくらいの水を注ぐ。Aを加えて火にかけ、煮立ったら弱火にして40分ほどゆでる。途中、水が少なくなったらそのつど足す。

3 2の皮をむいて水洗いし、根元の凸凹を菜箸の先でこそげ（a）、縦半分に切る。

4 鍋をきれいにして3を入れ、かぶるくらいの水を注いで再び火にかける。煮立ったら火を止め、10分ほど水にさらしてアクを抜く。

5 Bを混ぜ合わせ、保存容器の底に半量ぬる。水けをふいた4を並べ入れ、上から残りのBを加えて（b）冷蔵室で1日以上おく。

「そのままみそを落として食べるもよし、魚介や肉などとさっと炙ってもおいしい」

材料（2人分）
たけのこみそ漬け（p.14）…1/2本分
帆立貝柱（刺身用）…4個
塩…少々
油…少々
木の芽…適量

1 たけのこみそ漬けはさっと洗ってみそを落とし、水けをふいてひと口大に切る。帆立は塩をふる。
2 フライパンに油を熱し、1をしっかり焼き目がつくようにやや強火で両面さっと焼く。
3 帆立を食べやすい大きさに切ってたけのこみそ漬けとともに盛り、木の芽をちらす。

◉たけのこと帆立の炙り焼き

「味つけは塩をほんの少しだけ。たけのこみそ漬けの塩けと風味、
炙った焼き目の香ばしさが味の決め手です」

◎たけのこ含め煮

材料（作りやすい分量）

たけのこ…約5本（正味約800g）

A

：米糠…適量

：赤唐辛子…2本

かつお節…20g

B

：だし汁…4カップ

：酒…1/4カップ

：薄口しょうゆ…1/4カップ

：みりん…1/4カップ

a

1　たけのこはたけのこみそ漬け（p.14）の作り方1〜4と同様にゆでる。

2　かつお節はガーゼで包む。

3　鍋にBとゆでたたけのこを入れ、火にかける。煮立ったら弱火にし、2をのせ（a）、20分ほど煮る。火を止め、そのまま冷ます。

＊　かつおの風味を際立たせるために追いがつおをします。直接かつお節を入れてもいいですが、美しく仕上げたいときはこの方法で煮るといいです。

穂先はくし形切り、根元は薄切りにして器に盛り、いっしょに煮たかつお節を添え、木の芽をあしらう。

「だしに追いがつおをして、風味とうまみをさらにプラス。
器に盛るときは、追いがつおとともに」

材料（2人分）
たけのこ含め煮（p.16）…1本分
大根…100g
木の芽…適量
塩…少々
片栗粉…適量
揚げ油…適量
すだち…1個

1 大根はすりおろし、汁けをきる。木の芽は
　粗みじん切りにし、大根おろしと混ぜ合わ
　せ、塩で味をととのえる。
2 たけのこ含め煮の汁けをふき、ひと口大に
　切って片栗粉をまぶす。
3 170℃の揚げ油で2を2〜3分、カリッと
　揚げる。
4 器に盛り、1と、すだちを四つ割りにして
　添える。

◉たけのこ唐揚げ

「たけのこに片栗粉をまぶしてからりと揚げるだけ。たけのこに味がついているので、
添え物は木の芽を合わせたおろしとすだちであっさり、さっぱり」

● 若竹にゅうめん

材料（2人分）
たけのこ含め煮（p.16）…1本分
生わかめ…50g
油揚げ…1枚
A
　だし汁…4カップ
　砂糖…小さじ1
　薄口しょうゆ…1/4カップ
　みりん…1/4カップ
そうめん…3わ
木の芽…適量

1　たけのこ含め煮はひと口大に切る。わかめ
　はざく切り、油揚げは短冊切りにする。
2　鍋に1とAを入れ、ひと煮する。
3　別の鍋でそうめんをゆで、ざるにあけて水
　でしめる。水けをしっかりきって器に盛り、
　2の煮汁を注ぐ。具材を彩りよく盛りつけ、
　木の芽をあしらう。

「だしのやさしい味わいに、しっかり味の入ったたけのこを合わせて。
ツルツルッと食べて、おなかがほっこり温まる」

◎きゃらぶき

材料 (作りやすい分量)
ふき…600g
塩…大さじ1
A
  酒…120ml
  砂糖…大さじ3
  しょうゆ…240ml
  みりん…大さじ4

1 ふきは葉を切り落とし、長い場合は半分に切って切り目から包丁を入れて皮をひと筋むく (a)。

2 1を4cm長さに切って（太い場合は縦半分に切る）ボウルに入れ、塩をまぶして5分ほどおいてアクを抜く。

3 鍋にたっぷり湯を沸かし、2を5〜6分ゆでる。湯を捨て、流水に5分ほどさらしてさらにアクを抜く。

4 鍋をきれいにし、3の水けをきって入れる。Aを加えて火にかけ、煮立ったら弱火にして汁けがほぼなくなるまで煮る。火を止め、1日おく (b)。

5 4に水1カップを加えて再度火にかけ、汁けがほぼなくなるまで煮る。

＊ 保存容器に入れ、冷蔵室で1週間ほど保存可。

「しっかり味を含んだふきの佃煮は、まずはご飯のおともに。刻んで麺にのせたり、ちくわに詰めたりも」

材料(2人分)
きゃらぶき(p.20)…50g
ちくわ…3本
マヨネーズ…適量

1　ちくわの穴にきゃらぶきを詰める。
2　ひと口大に切って器に盛り、マヨネーズを添える。

「きゃらぶきを、ちくわの穴に詰めてマヨネーズとともに。私の理想のつまみです」

◎新玉ねぎ白ワイン漬け

材料（作りやすい分量）
新玉ねぎ…3個
A
：塩…大さじ2
：水…4カップ
B
：白ワイン…3カップ
：白ワインビネガー…3/4カップ
：はちみつ…大さじ4と1/2
ローリエ…2枚
粒黒こしょう…10粒

1　玉ねぎはくし形切りにして1枚ずつ
　　ばらし、芯を取り除く。
2　ボウルにAを入れ、1を2時間ほどつ
　　けて辛みを抜く（a）。
3　鍋にB、ローリエ、粒黒こしょうを
　　入れ、ひと煮して火を止め、そのま
　　ま冷ます。
4　2の水けをふいて3に漬け、冷蔵室で
　　1日以上おく。
＊　保存容器に入れ、冷蔵室で1週間ほど保
　　存可。

「辛みを抜き、甘酸っぱい漬け汁で漬けた新玉ねぎは、シャキシャキで甘い！
ピクルス感覚でサラダに加えたり、刺身と合わせたり」

●玉ねぎパプリカ

材料（2人分）
赤パプリカ…1個
黄パプリカ…1個
A
⋮砂糖…小さじ1
⋮塩…小さじ1
新玉ねぎ白ワイン漬け（p.22）…1個分
B
⋮オリーブオイル…大さじ2
⋮新玉ねぎ白ワイン漬けの漬け汁…大さじ2

1　パプリカはともに5cm長さの細切りにする。
2　ボウルに1とAを入れ、さっとあえて20分ほどおく。
3　2の水けをしぼり、新玉ねぎ白ワイン漬けとBであえる。

「塩もみしたパプリカを新玉ねぎ白ワイン漬けの漬け汁とオリーブオイルであえるだけ。
あっさり、さっぱり、サラダ感覚でどうぞ」

材料（2人分）

あじ（刺身用 3枚におろしたもの）…1尾分

塩…少々

ミニトマト…4個

ブロッコリースプラウト…1/3パック

新玉ねぎ白ワイン漬け（p.22）…1/2個分

A

　　新玉ねぎ白ワイン漬けの漬け汁…大さじ
　　　1と1/2

　　おろししょうが…小さじ1/2

　　しょうゆ…小さじ1

　　ごま油…大さじ1

黒こしょう…少々

1　あじは小骨を取り除いて皮をひき、塩
　　をふって10分ほどおく。出てきた水
　　けをふき、ひと口大のそぎ切りにする。

2　ミニトマトは半分に切る。スプラウト
　　は根元を落とす。

3　1と新玉ねぎ白ワイン漬けをさっとあ
　　えて器に盛り、2を彩りよく盛り合わ
　　せる。

4　Aを混ぜ合わせ、3にまわしかけてこ
　　しょうをふる。

● あじと玉ねぎのサラダ

「脂ののったあじに、新玉ねぎ白ワイン漬けを合わせれば、あっという間にワインに合うひと皿が完成」

25

◎キャベツ甘酢漬け

材料（作りやすい分量・
　19×13×H8cmの保存容器）
キャベツ…1/2個
塩…少々
A
　砂糖…80g
　薄口しょうゆ…大さじ2
　酢…1カップ
　水…1カップ
赤唐辛子…2本
だし昆布…5g

1　キャベツは葉はざく切り、芯は薄切りにする（a）。
2　鍋に湯を沸かし、1をさっとゆでてざるにあける。熱いうちに塩をふり、そのまま冷ます。
3　保存容器にAを混ぜ合わせ、2の水けを軽くしぼって漬ける。赤唐辛子とだし昆布を加え、冷蔵室で3時間以上おく。
＊　冷蔵室で1週間ほど保存可。

a

「ほんのり甘くてスッキリすっぱい。パリポリ食べ続けたくなる漬物。
そのままはもちろん、魚や肉と合わせ、炒め物や蒸し物にも」

● 揚げ豚キャベツ添え

材料（2人分）
豚肩ロースソテー用肉…2枚
A
┊ おろしにんにく…小さじ1/2
┊ しょうゆ…大さじ3
┊ みりん…大さじ1
┊ 黒こしょう…小さじ1
キャベツ甘酢漬け（p.26）…200g
揚げ油…適量

1 豚肉は水けをふき、170℃の揚げ油で7〜
　8分素揚げする。
2 バットにAを入れ、揚げ立ての1を加えて
　からめ、5分ほどおく。
3 2をひと口大に切って器に盛り、2の漬け
　汁をまわしかけてキャベツ甘酢漬けを添え
　る。

「ジューシーに揚げ上がった豚肉と甘酸っぱいあっさりキャベツの名コンビ」

● キャベツとさわらの蒸し煮

材料 (2人分)
さわら…2切れ
塩…少々
大葉…5枚
長ねぎ…1/2本
にんにく…1片
キャベツ甘酢漬け (p.26)…300g
A
　キャベツ甘酢漬けの漬け汁…大さじ3
　酒…大さじ2
　しょうゆ…大さじ1
黒こしょう…少々

1 さわらは全体に塩をふって15分おき、出てきた水けをふく。
2 大葉は細切りにする。
3 長ねぎは斜め薄切り、にんにくは薄切りにする。
4 フライパンにキャベツ甘酢漬けを敷き詰め、1をのせて3をちらす。Aを合わせてまわしかけ、ふたをして火にかける。煮立ったら弱火にして10分ほど蒸し煮にする。
5 器に盛り、2をのせてこしょうをふる。

「キャベツ甘酢漬けとふわふわで甘みのあるさわらのコンビは、
キャベツの甘酸っぱさが淡白なさわらにアクセントを加える形で成立」

◎じゃがいもべっこう煮

材料（作りやすい分量）
じゃがいも（男爵）…5個
A
　酒…大さじ6
　砂糖…大さじ6
　しょうゆ…大さじ6
　みりん…大さじ6

1　じゃがいもは大きめのひと口大に切って、さっと洗って水けをきる。
2　鍋にAを入れ、火にかける。煮立って砂糖が完全に溶けたら1を加えて全体にからめる。
3　2に水をひたひたに加え（a）、煮立ったら弱火にしてアルミホイルをかぶせて20分ほど煮る。じゃがいもがやわらかくなったら火を止め、冷ます。

「じゃがいものまわりが少し煮くずれてとろっとするくらいが煮上がりの目安。
チーズをのせて焼いたり、サラダに加えたりと、アレンジもいろいろ楽しめます」

◎じゃがいもなます

材料（作りやすい分量）
じゃがいも（メークイン）…3個
A
　砂糖…大さじ6
　塩…小さじ1
　酢…大さじ5
油…大さじ4

1　じゃがいもは薄切りにしてからせん切りにする。
2　ボウルに水をはり、1をつける。時々、水を取り替えながら3時間以上水にさらしてでんぷんを抜く。ざるにあけ、しっかり水けをきる。
3　鍋に油を熱し、2を炒める。油がなじんだらAを加えて炒め合わせ、シャキッとした歯ざわりが残り、水分が少し残るくらいで火を止める。
4　ボウルに移し、底を氷水にあてて急冷する。

「シャキシャキ感と甘酸っぱさがクセになる常備菜。ごま油や豆板醤を加えて味変も自由自在。
サラダ感覚でモリモリ食べてほしい」

●じゃがいもがっこチーズ焼き

材料（2人分）
いぶりがっこ…50g
万能ねぎ…3本
じゃがいもべっこう煮（p.30）…1個分
マヨネーズ…大さじ2
溶けるチーズ…50g

1　いぶりがっこは薄切りにする。万能ね
　　ぎは小口切りにする。
2　耐熱の器にじゃがいもべっこう煮と1
　　を入れ、マヨネーズをかけてチーズを
　　ちらす。
3　オーブントースターでチーズが溶けて
　　焼き目がつくまで焼く。

「しっかり味がついたじゃがいもに、チーズをのせて焼き目をつけるだけ。間にはさんだいぶりがっこが
じわじわいい味と食感を出してくれる、パリパリ、とろ〜り、ほっくりの三重奏」

材料（2人分）

じゃがいもなます（p.31）…200g

しらす…30g

貝割れ菜…1/3パック

A

：みりん…小さじ1

：豆板醤…小さじ1

：ごま油…大さじ1

白いりごま…小さじ1

1　貝割れ菜は根元を落とし、長さを半分に切る。

2　ボウルにじゃがいもなます、しらす、1を入れ、Aを加えてさっくりあえる。

3　器に盛り、白ごまをふる。

「じゃがいもなますに、プラスごま油&豆板醤ですっぱ辛いに味変。しらすがいい味出しに」

◎きゅうり辛子漬け

◎きゅうりの福神漬け

◎きゅうり辛子漬け

材料（作りやすい分量）
きゅうり…5本
A
∴砂糖…大さじ4
∴粉辛子…大さじ1
∴粗塩…大さじ1
∴酢…大さじ2と1/2
∴みりん…大さじ1

1　きゅうりは1.5cm幅に切る。
2　ボウルに1とAを入れ、手でもんで全体にからめる。保存容器に入れ、表面にぴったりラップをして冷蔵室で3時間以上おく（a）。
＊　辛子は粉を使うこと。味なじみも味わいも断然よくなります（b）。

a

b

「粉辛子のピリ辛が食欲をそそる。ゆで鶏に合わせたり、サラダに加えたり。
大きめに切って漬けるので、その後の使い方もアレンジ自在」

◎ きゅうりの福神漬け

材料（作りやすい分量）
きゅうり…5本
しょうが…20g
A
 ┊ 砂糖…大さじ1
 ┊ しょうゆ…1/2カップ
 ┊ 酢…1/2カップ
 ┊ みりん…1/2カップ
赤唐辛子…1本

1 きゅうりは1〜2mm幅の小口切りにする。
 しょうがはせん切りにする。

2 鍋にAを入れ、火にかける。煮立ったら
 1と赤唐辛子を加え（a）、再び煮立ったら
 火を止める。鍋底を氷水につけ、急冷する
 （b）。

3 冷めたら再び火にかけ、同様に煮て、急冷
 する。これを3回繰り返し、粗熱がとれた
 ら冷蔵室で冷やす。

＊ 保存容器に入れ、冷蔵室で1週間ほど保存可。

b

「カレーに添えるにも、漬物として味わうにも、サンドイッチの具材にするにもいい万能漬物。
炒め物などの味つけにも」

35

●辛子鶏

材料（2人分）

鶏もも肉…1枚

A
 だし昆布…3g
 酒…1/2カップ
 薄口しょうゆ…大さじ2
 水…3カップ
きゅうり辛子漬け（p.34）…60g

B
 おろしにんにく…小さじ1/2
 きゅうり辛子漬けの漬け汁…大さじ2
 ごま油…大さじ1
白いりごま…小さじ1
トマト…1/2個

1 鶏肉は余分な脂を除き、小骨があれば取り除く。鍋にAとともに入れ、火にかける。煮立ったら弱火にし、20分ほど煮る（a）。火を止め、そのまま冷ます。

2 きゅうり辛子漬けは粗みじん切りにし、Bと混ぜ合わせる。

3 1が冷めたらひと口大に切って器に盛り、2をかける。白ごまをふり、トマトを食べやすく切って添える。

「ピリッと辛みがきいたきゅうりが鶏のジューシーなうまみを引き立て、調和する。
いつものゆで鶏がきゅうりのおかげでバージョンアップ！」

材料（1人分）
ゆで卵…1個
きゅうりの福神漬け（p.35）…40g
A
⋮マヨネーズ…大さじ2
⋮黒こしょう…少々
食パン（8枚切り）…2枚
バター…少々

1　ゆで卵は粗みじん切りにする。きゅうりの福神漬けは汁けをきる。

2　1をボウルに入れ、Aを加えて混ぜ合わせる（a）。

3　食パンをオーブントースターでトーストし、それぞれ片面にバターをぬって1枚に2をのせ、もう1枚ではさんで食べやすく切る。

●きゅうりの福神漬けサンド

「きゅうりの福神漬けがピクルス代わり。
軽くトーストしたパンと薄くぬったバターが福神漬けの感じに不思議とよく合うんです」

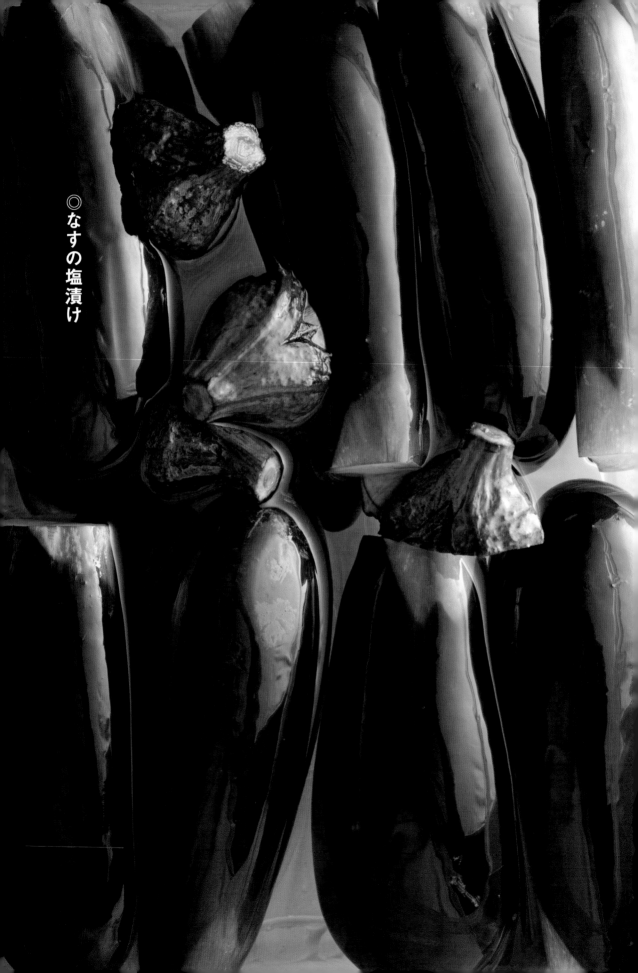

◎ なすの塩漬け

材料（作りやすい分量・22×15.5×H8cmの保存容器）
なす…6本
A
├ 粗塩…30g
├ 水…1ℓ
漬物用鉄球、または古い釘…適量

1　なすはへたを切る。へたはとっておく。
2　鍋にA、なすのへた、鉄球を入れ（a）、火にかける。煮立って塩が溶けたら火を止め、そのまま冷ます。
3　1を縦半分に切って保存容器に並べ入れ、2を注ぐ（b）。表面にぴったりラップをして、バットと重石を順にのせて（重石がなければ、水をはったボウルをのせるでもいい）ひと晩漬ける（c）。

「漬け汁になすのへたと鉄球を入れるのは、なすの美しい色みを保つため。
なす本来の甘みを感じるやさしい味わいなので、具材としても使いやすいです」

●なすおかかチャーハン

材料 (2人分)
なすの塩漬け (p.38)…1本分
長ねぎ…1/3本
卵…1個
ご飯…400g
かつお節…10g
しょうゆ…大さじ1/2
黒こしょう…少々
油…大さじ2

1　なすの塩漬けは粗みじん切り、長ねぎはみじん
　　切りにする。卵は割りほぐす。
2　フライパンに油を熱し、溶き卵を炒める。半熟
　　状になったらご飯を加えて手早くほぐし、炒め
　　合わせる。
3　なすの塩漬けと長ねぎを加えて (a) 炒め合わ
　　せ、かつお節を加えてさらに炒める。
4　しょうゆを鍋肌から加えて炒め合わせ、こしょ
　　うで味をととのえる。

a

「なすの塩漬けがあれば、残りご飯でチャーハンが即完成。
　　かつお節のコク、なすの塩け、卵のふわふわで完璧！」

◎なすの揚げ煮

材料（作りやすい分量）
なす…6本
赤唐辛子…1本
A
　だし汁…3カップ
　砂糖…大さじ1
　しょうゆ…1/4カップ
　みりん…1/4カップ
揚げ油…適量

1　なすはへたを切り、なすを回しながら縦に包丁目を入れる。まずは上半分を、1周終わったら、下半分も同様にする（a）。へたはとっておく。
2　鍋に赤唐辛子とAを入れ、火にかける。煮立ったら弱火にかけておく。
3　170℃の揚げ油に1のへたとなすを入れ、菜箸で転がしながら3〜4分素揚げする（太いところがやわらかくなり、切り目が少し開いたくらいが揚げ上がりの目安）（b）。
4　別の鍋に揚げ立ての3を入れ、熱い2を注いで（c）火にかける。煮立ったら2〜3分煮て火を止め、ペーパータオルをかぶせてそのまま冷ます（d）。

「だし汁と油をたっぷり含んで太ったなす。ひと口ごとにジュワーッと幸せなおいしさが広がります。
ご飯にもお酒にも合う名常備菜。作っておけば安心、安泰」

◎山形の「だし」

材料(作りやすい分量)
きゅうり…2本
オクラ…10本
塩…少々
みょうが…4個
大葉…10枚
新しょうが…40g
なす…2本
しょうゆ…大さじ2

A
: 砂糖…小さじ2
: しょうゆ…大さじ6
: 酢…大さじ2
: みりん…大さじ2
がごめ昆布…10g

1　きゅうりとオクラは板ずりしてさっと洗う。
2　1、みょうが、大葉は縦4等分に切ってから5mm幅に切る。新しょうがは粗みじん切りにする(a)。
3　なすは5mm角ほどに切って、水に5分ほどさらす。水けをきってしょうゆをまぶし(b)、汁けをしぼる。
4　ボウルに2と3を入れ、Aとがごめ昆布を加えてよく混ぜ合わせる(c)。冷蔵室で1時間以上おく。

「なんといっても炊き立てのご飯にのせるのが一番！
あとは豆腐にのせたり、納豆と半々にしたり、刺身とあえたり、焼いた肉のソースにしても」

材料（2人分）
鯛（刺身用／柵）…150g
塩…少々
レモン…1/4個
山形の「だし」（p.44）…100g
オリーブオイル…大さじ1

1　鯛はひと口大のそぎ切りにして器に並べる。

2　1に塩をふってレモンをしぼり、手でなじませる。

3　山形の「だし」を全体にかけ、オリーブオイルをまわしかける。

● 鯛の「だし」カルパッチョ

「あっさりした味わいの鯛にかけて。薬味としても、味つけとしてもお役立ち。
コロコロに切った野菜の食感もまたよし」

◎枝豆の紹興酒漬け

材料（作りやすい分量・
17.5×12.5×H7.5cmの保存容器）
枝豆…1枝（さやつき約250g）
塩…適量
A
╎紹興酒…1カップ
╎砂糖…大さじ1
╎しょうゆ…1カップ
╎みりん…大さじ2
しょうが（せん切り）…20g
赤唐辛子…1本

1 枝豆は枝からはずしてボウルに入れ、
　塩をまぶして手でもんで汚れを落と
　す（a）。
2 鍋に湯を沸かし、1をかためにゆでて
　ざるにあける。
3 保存容器に2、しょうが、赤唐辛子
　を入れ、Aを注ぐ（b）。表面にぴった
　りラップをし、粗熱がとれたら冷蔵
　室で3時間以上おく。

「紹興酒は煮切らず使え、香りも風味もよくなる便利なもの。
枝豆を漬けた漬け汁は、酔っ払いえびに使うものと同じなので、残った刺身を漬ければ "漬け" にもなるし、
卵を漬ければ、味玉にもなりますよ。枝豆はまずはこのまま。さやから出して、あえ物や、味出しにも！」

材料（2人分）

木綿豆腐…1/2丁

ピータン…1個

A

　┊枝豆の紹興酒漬けの漬け汁…大さじ1

　┊ごま油…小さじ1

枝豆の紹興酒漬け

　（p.46 さやから出したもの）…30g

一味唐辛子…少々

香菜…少々

1　豆腐はペーパータオルに包み、水き
　　りする。

2　ピータンは殻をむき、粗みじん切り
　　にする。

3　ボウルに1とAを入れ、泡立て器で
　　よく混ぜ合わせてなめらかにする。

4　3に2と枝豆の紹興酒漬けを加えてあ
　　え、一味をふって香菜を添える。

●枝豆ピータン白あえ

「枝豆と漬け汁、ごま油でクリーミーな白あえもあっという間」

48

● 枝豆の中華風リゾット

材料（2人分）
長ねぎ…1/3本
ザーサイ…40g
バター…10g
A
：鶏がらスープ…1と1/2カップ
：オイスターソース…小さじ1
：しょうゆ…小さじ1
：みりん…大さじ1
：黒こしょう…少々
ご飯…250g
枝豆の紹興酒漬け
　（p.46 さやから出したもの）…40g
粉チーズ…15g

1　長ねぎとザーサイはみじん切りにする。
2　フライパンにバターを溶かし、1を軽く炒める。Aを加え、ひと煮する。
3　ご飯を加え、ほぐしながら3〜4分煮る。ご飯がリゾット状になったら枝豆の紹興酒漬けを加えて（a）ざっと混ぜる。
4　器に盛り、粉チーズをふる。

「鶏がらスープで煮込んだご飯に、枝豆の紹興酒漬けの中華風な味わいを重ねたリゾット。
バターで炒めてマイルドに」

◎白瓜粕漬け

材料（作りやすい分量・
　21.5×16×H9.5cmの保存容器）
白瓜…1kg
粗塩…80g
A
┊酒粕…800g
┊砂糖…80g
┊粗塩…大さじ1

1　白瓜は両端を切って縦半分に切る。スプーンで
　種をこそげ取り（a）、切り口全体に粗塩をなす
　りつける（b）。
2　保存容器に1を、背と腹が重なるように詰め、
　残った粗塩をふって（c）重石をして1日おく。
3　2の水けをふき、ざるに並べて1日干す（d）。
4　Aを混ぜ合わせて（酒粕がかたい場合は酒1と
　1/2カップ前後を加える）保存容器の底にぬり、
　3にもまんべんなくぬる（e）。保存容器に並べ
　入れ、上からもAをぬって（f）冷蔵室で3週間
　ほど漬ける。
＊　冷蔵室で1週間ほど保存可。

「ほんのり薫る酒粕の風味が食欲をそそる漬物。同じ漬け地で、きゅうりやなすもおいしくできます」

●白瓜レバ炒め

材料（2人分）

鶏レバー…200g

A
　しょうゆ・みりん…各大さじ1
　おろししょうが…小さじ1/2

片栗粉…適量

玉ねぎ…1/2個

にんじん…50g

白瓜粕漬け（p.50）…1/2本分

B
　酒・しょうゆ…各大さじ1

油…大さじ2

黒こしょう…少々

1　鶏レバーは氷水につけて血抜きし、余分な脂を除いてひと口大に切る。Aをもみ込み、10分ほどおいて片栗粉をまぶしつける。

2　玉ねぎは薄切り、にんじんは5cm長さの細切りにする。

3　白瓜粕漬けは1cm幅に切る。

4　フライパンに油を熱し、1を焼きつける。焼き目がついたら2を加え、炒め合わせる。野菜がしんなりしたら、3を加えてさっと炒め合わせ、Bを加えて調味する。

5　器に盛り、こしょうをふる。

「白瓜のパリポリ感とクリーミーなレバーのコントラストがいい食感リズム。
白瓜がいい味出しを担っているから、味つけは最小限でよし」

◎和風トマトソース

材料（作りやすい分量）
トマト（完熟）…1kg
しょうが…10g
玉ねぎ…1/2個
塩…ふたつまみ
A
：しょうゆ・みりん…各大さじ1と1/2
一味唐辛子…ひとつまみ
油…大さじ1

1 トマトはくし形切りにする。
2 しょうがと玉ねぎはみじん切りにする。
3 フライパンに油を弱火で熱し、2を炒める。しんなりしたら中火にし、1を加えて塩をふり、1〜2分炒める。ふたをして弱火にし、15分ほど煮る。
4 Aと一味を加え（a）、木べらでトマトをざっくりつぶしながら2〜3分煮る。火を止め、そのまま冷ます。

「にんにくじゃなくて、しょうが。赤唐辛子じゃなくて一味唐辛子。みりんを加えてほんのりした甘みも。
これが私のトマトソース」

●トマトとブルーチーズのパスタ

材料（2人分）
パスタ…200g
和風トマトソース（p.52）…1カップ
ブルーチーズ…適量
塩…適量
黒こしょう…少々

1　鍋に湯を沸かし、1%の塩を加えてパスタを袋の表示時間通りにゆでる。

2　フライパンに和風トマトソースを入れ、弱火にかけて温める。

3　1のゆで汁をきり、2に加える。ブルーチーズ50gを手でちぎって加え、ざっと混ぜ合わせる。

4　器に盛り、好みでさらにブルーチーズ適量を手でちぎってのせ、こしょうをふる。

「和風のトマトソースなので、あっさり。
パスタには、ブルーチーズくらいパンチのあるこっくりしたチーズを加えるとしっくり」

◉豚のソテー きのことトマトソース

材料（2人分）
豚ロース厚切り肉…2枚
塩…適量
小麦粉…少々
しめじ…1パック
しいたけ…2枚
和風トマトソース（p.52）…1カップ
油…大さじ1
クレソン…1わ

1 豚肉は筋切りし、塩少々を全体にふり、小麦
　粉をまぶす。
2 しめじは根元を落とし、手でほぐす。しいた
　けは軸を落とし、薄切りにする。
3 フライパンに油を熱し、1を焼く。両面に焼
　き目がついたら取り出し、アルミホイルに包
　んで休ませる。
4 3のフライパンに2を入れ、塩少々をふって
　炒める。しんなりしたら和風トマトソースを
　加え、温める程度に火を入れる。
5 3を食べやすく切って器に盛り、4をかけて
　クレソンを添える。

「このソースがあれば、肉を焼くだけ。
あまりに簡単なので、ソースにきのこを加えてうまみをさらにプラスしちゃいました」

●えびとあさりのトマトスープ

材料（2人分）
えび…6尾
A
:片栗粉…少々
:酒・塩…各少々
あさり…200g
ズッキーニ…1/2本
バター…10g
塩…適量

B
:酒…1/4カップ
:薄口しょうゆ・みりん
:…各小さじ1
:水…1と1/2カップ
和風トマトソース（p.52）
…1カップ

1　えびは殻と尾、背わたを取り除く。Aをふっ
　　てもみ洗いし、流水で洗って水けをふく。
2　あさりは砂抜きし、殻をこすり合わせて洗う。
　　ズッキーニは5mm幅の半月切りにする。
3　フライパンにバターを溶かし、ズッキーニに
　　塩少々をふって炒める。しんなりしたらあさ
　　りを加えて炒め合わせ、Bを加えてふたをす
　　る。
4　あさりの口が開いたらアクをひき、1と和風
　　トマトソースを加える。煮立ったら弱火に
　　し、えびに火が通るまで煮て、塩で味をとと
　　のえる。

「スープにしてもごくごく飲めるのは、和風仕立てのトマトソースだから。
えびとあさりのだしも加わってさらにおいしい、簡単魚介トマトスープ」

◎ゴーヤーの中華漬け

材料（作りやすい分量）
ゴーヤー…2本
塩…少々
赤唐辛子…4本
A
：酒…大さじ2
：砂糖…大さじ2
：しょうゆ…大さじ1
：甜麺醤…大さじ2
ごま油…大さじ2

1　ゴーヤーは縦半分に切って、スプーンで種とわ
　　たを取って5mm幅に切る。ボウルに入れ、塩
　　をまぶして10分ほどおく。
2　赤唐辛子は粗みじん切りにする。
3　鍋にたっぷりの湯を沸かし、1をさっとゆでる。
　　水にさらし、水けをしっかりしぼる。
4　フライパンにごま油を弱火で熱し、2を炒める。
　　香りが立ったらAを加えてさっと混ぜ合わせ
　　る。
5　3を加えてさっと混ぜ合わせ、火を止めてその
　　まま冷ます。粗熱がとれたら保存容器に移し、
　　表面にぴったりラップをして、冷蔵室で1時間
　　ほどおく。
＊　冷蔵室で1週間ほど保存可。

「沖縄の義理の母は、よくゴーヤーでいろいろなものを作っていた。
これはその味を思い出して作ったもの。味の決め手は甜麺醤です」

材料（作りやすい分量）
ゴーヤー…2本
塩…少々
A
∴砂糖…大さじ3
∴塩…大さじ2
∴酢…1と1/2カップ
∴水…2カップ
赤唐辛子…2本
粒黒こしょう…大さじ1
パイナップル…1/4個
ディル…3本

1 ゴーヤーは縦半分に切って、スプーンで種とわたを取って1cm幅に切る。ボウルに入れ、塩をまぶして10分ほどおき、さっと洗って水けをきる。

2 鍋にA、赤唐辛子、粒黒こしょうを入れてひと煮し（a）、火を止めてそのまま冷ます。

3 パイナップルは皮をむいて芯を除き、ひと口大に切る（b）。

4 保存容器に1、3、ディルを入れ、2を注いで（c）1日おく。

＊ 冷蔵室で1週間ほど保存可。

「沖縄で義理の母が作っていたものは、ゴーヤーを黒砂糖と酢に漬けたもの。
私オリジナルは、ちょっとしゃれこんでディルを加えてみました」

●ゴーヤー焼きそば

材料（2人分）
長ねぎ…1/2本
中華蒸し麺…2玉
酒…大さじ1
豚こま切れ肉…150g
塩…少々
ゴーヤーの中華漬け（p.56）…60g
A
⋮ しょうゆ…小さじ1
⋮ みりん…小さじ1
こしょう…少々
油…大さじ2

1　長ねぎは斜め薄切りにする。
2　麺は酒をふってほぐす。
3　フライパンに油を熱し、豚肉に塩をふって炒める。
4　豚肉に火が通ったら1とゴーヤーの中華漬けを加えて炒め、2も加えてさらに炒め合わせる。
5　Aを加えて炒め、こしょうで味をととのえる。

「そのまま食べてもつまみになるゴーヤーの中華漬けは、味出しにも最高！
具材がいろいろなくても、長ねぎと豚肉さえあれば、なんだか沖縄の味に」

● ゴーヤーとパイナップルの酢豚風

材料（2人分）
豚肩ロースソテー用肉…2枚
A
　おろしにんにく…小さじ1/2
　しょうゆ…大さじ1
　みりん…大さじ1
　こしょう…少々
赤パプリカ…1/2個
片栗粉…適量
ゴーヤーとパイナップルの
　ピクルス（p.57）…100g

B
　砂糖…大さじ1/2
　しょうゆ…大さじ1
　ゴーヤーとパイナップルの
　　ピクルスの漬け汁…大さじ3
揚げ油…適量

1　豚肉はひと口大に切ってAをもみ
　　込み、15分ほどおく。
2　パプリカは2cm四方に切る。
3　1に片栗粉をまぶし、170℃の揚
　　げ油で3〜4分揚げる。2はさっ
　　と素揚げする。
4　器に3を盛り、ゴーヤーとパイナッ
　　プルのピクルスをちらしてBを合
　　わせてまわしかける。

「豚肉を素揚げしてピクルスをちらし、ピクルス液をベースにしたソースをかけるだけの、簡単すぎる酢豚。
ゴーヤーとパイナップルは、酢豚の具材として活用」

◎ごぼう土佐煮

材料（作りやすい分量）
ごぼう…2本
A
　だし汁…3カップ
　砂糖…大さじ1と1/2
　しょうゆ…1/4カップ
　みりん…1/4カップ
かつお節…30g

1　ごぼうは洗ってひと口大の長めの乱切り
　　にし、水にさらしてさっと洗う。
2　鍋に1を入れ、水をひたひたに注いで火
　　にかける。沸いたら中火にして15分ほど
　　下ゆでし、ざるにあけてゆで汁をきる。
3　2の鍋をさっと洗って下ゆでしたごぼうと
　　Aを入れ、火にかける。煮立ったら弱火
　　にし、20分ほど煮る。火を止め、そのま
　　ま冷ます。
4　粗熱がとれたらかつお節を加えて全体に
　　からめる（a）。

a

「かつお節をからめることで、コクとうまみを加えた昔ながらの煮物。

作っておけば、ご飯のおかずに、酒のつまみに、弁当のおかずにとあらゆる場面で役に立つこと間違いなし」

◎たたきごぼう

材料（作りやすい分量）
ごぼう…2本
A
：酢・水…各1カップ
：砂糖…80g
B
：酢…大さじ4
：砂糖・薄口しょうゆ…各大さじ2
：白すりごま…大さじ2
：一味唐辛子…少々

1　ごぼうは洗って鍋に入る長さに切って入れ、水をひたひたに注いで強火にかける。沸いたら中火にして30分ほど下ゆでし、ざるにあけてゆで汁をきる。
2　1をまな板にのせ、めん棒でたたいて（a）3cm長さに切る。太いものは縦半分に切る。
3　ボウルにAを混ぜ合わせ、2を入れる。表面にぴったりラップをして、冷蔵室で半日以上おいて酢漬けにする。
4　漬け汁をきり、Bであえる。

a

「祝い肴三種の1つとして、おせちにも登場する縁起のいい料理。
そのまま食べても、あえ物やサラダに加えるなどしても」

材料（2人分）
ごぼう土佐煮（p.60）…10切れ
片栗粉…適量
すだち…1個
揚げ油…適量

1 ごぼう土佐煮の汁けをふき、片栗粉をまんべんなくまぶす。
2 170℃の揚げ油で1を2〜3分揚げる。
3 器に盛り、すだちを半分に切って添える。

● ごぼう土佐煮の唐揚げ

「サクサクの衣の中は、しっかり味がしみたうまいごぼうが。すだちをしぼってあっさりと」

●えびのたたきごぼうあえ

材料（作りやすい分量）
えび…8尾
A
：酒・片栗粉…各大さじ1
：塩…ふたつまみ
片栗粉…適量
たたきごぼう（p.61）…80g

1 えびは殻と尾、背わたを取り除く。
　ボウルにAとともに入れ、手でもみ
　洗いして汚れを落とす。流水でさっ
　と洗って水けをふき、片栗粉をまぶ
　す。
2 鍋に湯を沸かし、1をゆでる。火が
　通ったら水にさらし、ざるにあけて
　水けをふく。
3 2とたたきごぼうをさっとあえる。

「たたきごぼうの甘酸っぱさに、えびの甘みがほどよく混ざり合ったごちそう料理。
常備菜さえあれば、あっという間に完成」

◎酢れんこん

材料（作りやすい分量）
れんこん…250g
酢…適量
A
: 赤唐辛子…2本
: だし昆布…5g
: 酢・水…各1カップ
: 砂糖…80g

1　れんこんは皮をむき、酢適量を加えた熱湯で丸ごと2分ほどゆでる（ゆでてから切ると割れにくい）(a)。酢適量を加えた水におとし、水けをきる。

2　1を薄い半月切りにし、さらに5分ほど水につけてざるにあける。

3　1の鍋の湯で2を1分ほどゆで(b)、ざるにあけてゆで汁をきる。

4　ボウルにAを入れ、3を漬ける。表面にぴったりラップをし(c)、冷蔵室に1時間以上おく。

＊　保存容器に入れ、冷蔵室で1週間ほど保存可。

「れんこんは丸ごとゆでてから切って美しく。酢の物の基本ともいうべきこの味つけは、覚えておくといいですよ。
このまま食べても、ちらし寿司や混ぜ寿司に加えたり、サラダに合わせるなどしても」

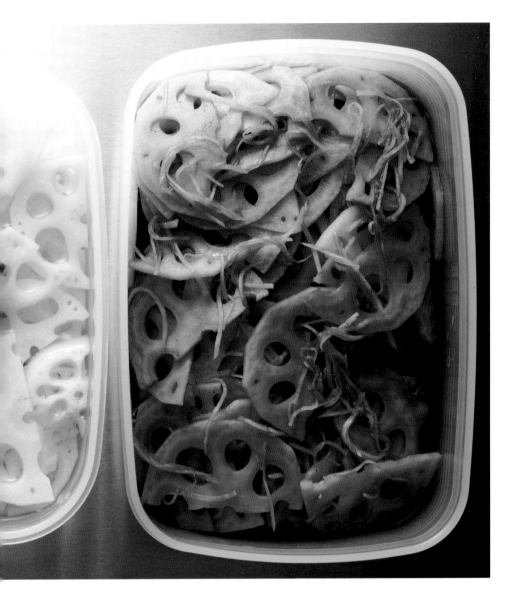

◎れんこん香り漬け

材料（作りやすい分量）
れんこん…250g
しょうが…20g
A
┊ウスターソース…大さじ4と1/2
┊しょうゆ…大さじ3
┊みりん…大さじ1と1/2

1　れんこんは熱湯で丸ごと2分ほどゆ
　　でて水におとし、水けをきって薄い
　　輪切り、または半月切りにする。
2　1の鍋の湯で1を1分ほどゆで、ざる
　　にあけてゆで汁をきる。
3　しょうがはせん切りにする。
4　ボウルにAを合わせ、2と3を入れる。
　　表面にぴったりラップをし（a）、2時
　　間以上おく。

「香りを運んでくれるのは、ソース！
そのままご飯のおかずに、炒め麺の味出しに、肉や魚介と合わせてもいい万能選手」

●れんこんと塩鮭のちらし寿司

材料（2人分）
塩鮭…1切れ
大葉…3枚
酢れんこん（p.64）…50g
ご飯（炊き立て）…300g
白いりごま…大さじ1

A
┊砂糖…大さじ1
┊塩…小さじ1
┊酢…大さじ2と1/2

1 塩鮭は焼いて骨を取り除いてほぐす。
2 大葉はせん切りにし、水にさらして
　水けをしぼる。
3 ご飯にAを混ぜ合わせ、しゃもじで
　さっくり混ぜて酢飯を作り、白ごま
　も混ぜ合わせる。
4 器に3を盛り、1をちらして酢れんこ
　んをのせ、大葉をあしらう。

「ほどよい酢飯の味わいに、時折やってくるれんこんのパンチのある酸味が絶妙。
それが大葉の香りと鮭の甘みにちょうどいい。春を待ちわびる食卓に寄り添う、花畑のような美しいちらし寿司」

材料（2人分）
れんこん香り漬け（p.65）…60g
大根…100g
鶏ももひき肉…200g
A
　片栗粉…大さじ1
　砂糖…小さじ1
　塩…小さじ1/2
　こしょう…少々
油…大さじ1
サラダ菜…2〜3枚

1　れんこん香り漬けは粗みじん切りにする。
2　大根はすりおろして汁けをきる。
3　ボウルにひき肉とAを入れ、粘りが出るまで練り混ぜる。1を加えてさっくり混ぜ合わせ、ひと口大の丸形にまとめる。
4　フライパンに油を熱し、3を片面2分ほどずつ焼く。
5　器にサラダ菜を敷き、4を盛って2を添える。

「つみれのふんわり食感に、れんこんのシャキシャキがいいリズム。
たいした味つけをせずとも、ソースがいい仕事を担ってくれる一品」

◎里芋ピリ辛煮

材料（作りやすい分量）
里芋…6個
米…ひとつかみ
煮干し…10本
A
：砂糖・しょうゆ…各大さじ2
：水…2カップ
ラー油…小さじ1

1 里芋は大きければひと口大に切り、水でさっと洗う。

2 鍋に1と米を入れ、水をひたひたに注いで火にかける。煮立ったら弱火にし、7～8分下ゆでする。水におとして里芋のぬめりを取り、取り出す。

3 煮干しは頭と内臓を取る。

4 鍋に3と、2を重ならないように入れ、Aを注いで（a）火にかける。煮立ったら弱火にしてアルミホイルをかぶせて5分ほど煮る。

5 ラー油を加え（b）、2分ほど煮て火を止め、そのまま冷ます。

「ねっとり、ほっくり、甘くてやわらかーい。時折訪れる、ピリ辛のほどよさも計算済み」

◎かぼちゃみそ

材料（作りやすい分量）
かぼちゃ…200g（正味）
A
：白みそ…100g
：生クリーム…大さじ3
塩…少々

1 かぼちゃは皮をむき、適当な大きさに切る。
2 蒸気の上がった蒸し器で1をやわらかく蒸す。
3 ボウルに2を入れ、マッシャーやフォークでつぶす。Aを加えて（a）なめらかになるまで混ぜ、塩で味をととのえる。

「かぼちゃにクリーミーさを加えているのは、白みそと生クリーム。
ずっと食べ続けていられる、クセになるおいしさです」

● かぼちゃみそチーズトースト

材料 (2人分)
バゲット…1/2本
バター…10g
かぼちゃみそ (p.70)…50g
溶けるチーズ…50g
黒こしょう…少々

1 バゲットは2cm幅に切ってオーブントースターで軽く焼く。
2 1にバターとかぼちゃみそを適量ずつぬる。チーズを均等にのせ、再度オーブントースターでチーズが溶けるまで焼く。
3 器に盛り、こしょうをふる。

「かぼちゃのとろんとした食感と甘みに、生クリームとみそが濃厚なうまみをプラス。
ほんのり塩味はチーズから。これはワインがすすむ！」

71

◎さつまいもレモン煮

材料（作りやすい分量）
さつまいも…500g
A
：砂糖…300g
：薄口しょうゆ…大さじ2
：水…1ℓ
レモン…1/2個

1　さつまいもは皮ごと1cm幅の輪切り、または半月切りにして水に5分ほどさらす。

2　鍋にAを入れ、火にかける。煮立ったら1の水けをきって加え、もうひと煮立ちしたら弱火にする。5〜6分煮て火を止め、そのまま冷ます。

3　粗熱がとれたらレモンをしぼり、皮は薄切りにして加える（a）。表面にペーパータオルをのせ、味を含ませる。

a

「やわらかな甘みとレモンの香りと酸味が、さつまいもにしみ渡った惣菜。
お茶うけに、ケーキに焼き込んだりも」

◎きのこ柚香煮

材料（作りやすい分量）
黄柚子…2個
しめじ…2パック
しいたけ…1パック
エリンギ…1パック
A
┊ だし昆布…5g
┊ 酒…3/4カップ
┊ しょうゆ・みりん・水…各1/4カップ
┊ 砂糖…小さじ2

1　柚子は半分に切って中身をくり抜き、果汁をしぼる。皮はさらに縦半分に切って、内側の白い部分を包丁でそぎ取り、黄色い皮だけにする（a）。

2　柚子皮を熱湯で5分ほどゆで、ゆでこぼす。これを3回繰り返す。

3　2をひと晩水にさらし、苦みを抜く（b）。水けをふき、細切りにする。

4　しめじは根元を落とし、手でほぐす。しいたけは石づきを落とし、薄切りにする。エリンギは5cm長さのひと口大に切る。

5　鍋にAを入れ、火にかける。煮立ったら弱火にし、1〜2分煮てアルコール分をとばす。3と4を加え、たまに混ぜながら煮汁がほぼなくなるまで（c）煮る。火を止め、柚子のしぼり汁を小さじ2ほど加える。

a　　　　　b　　　　　c

「きのこの風味豊かな味わいに、柚子で香りと味わいにアクセントを。
卵料理に加えたり、あえ物にしたり。麺にのせても」

材料（2人分）
さば水煮缶…1個（約130g）
長いも…50g
きのこ柚香煮（p.74）…60g
一味唐辛子…少々

1　さば缶は汁けをきり、ざっくりほぐす。
2　長いもは皮をむき、包丁でたたいてとろろ状にする。
3　ボウルに1ときのこ柚香煮を入れ、2であえる。器に盛り、一味をふる。

● きのことさば缶のとろろあえ

「さばのうまみにきのこ柚香煮を寄り添わせ、とろろにからめてねっとりおいしく」

材料（2人分）
卵…3個
砂糖…大さじ1
きのこ柚香煮（p.74）…80g
万能ねぎ（小口切り）…3本分
油…大さじ1

1 ボウルに卵を割りほぐし、砂糖を加えて混ぜ
合わせる。
2 1にきのこ柚香煮、万能ねぎを加え、混ぜ合わ
せる。
3 フライパンに油を熱し、2を一気に流し入れ
る。木べらで混ぜながら半熟に火を入れる。

●きのこいり卵

「ふんわりと薫ってくる柚子の香りときのこのだしがきいた、香り高いいり卵。半熟のフルフルをどうぞ」

◎なめたけ

材料（作りやすい分量）
えのきたけ…3パック
A
｜ だし汁…1カップ
｜ 砂糖…小さじ1
｜ しょうゆ…大さじ5
｜ みりん…大さじ4

1　えのきは根元を落とし、長さを半分に切ってほぐす。

2　鍋にAと1を入れ、火にかける。煮立ったら菜箸で混ぜて弱火にし、5分ほど煮る。煮汁にとろみがついてきたら、火を止めてそのまま冷ます。

「ご存知と思いますが、なめたけは家で作れるものです。作り立てもおいしいですが、数日経って味がなじんだものもまた格別です。それを感じられるのも手作りならでは」

◎大根の含め煮

材料（作りやすい分量）
大根（中心の部分）…600g
米…ひとつかみ
A
　だし汁…1ℓ
　砂糖…大さじ1
　薄口しょうゆ…大さじ3
　しょうゆ…大さじ2
　みりん…大さじ5

1　大根は2cm幅に切って半月切りにする。
2　鍋に1と米を入れ、水をかぶるくらいに注いで強火にかける。煮立ったら中火にし、串がスッと通るくらいまで下ゆでする。ざるにあけ、ゆで汁をきる。
3　鍋をきれいにし、Aと2の大根を入れて火にかける。煮立ったら弱火にし、20分ほど煮て火を止め、ペーパータオルをのせてそのまま冷ます。

「しっかり味がしみた、みずみずしい大根。ひと口ごとにジュワッと煮汁が広がります。
冬大根の、甘みがあり身がギュッとしまったもので作ってください」

◎大根のつぼ漬け

材料（作りやすい分量）
大根…1kg
粗塩…20g
A
　砂糖…大さじ2
　しょうゆ…1/2カップ
　みりん…大さじ4
赤唐辛子（小口切り）…2本分
だし昆布…5g

1　大根は皮ごと薄いいちょう切りにし、粗塩をまぶして1日おく。
2　1の水けをしっかりしぼり、ざるに広げて1日干す（a）。
3　保存容器にAを入れ、2、赤唐辛子、だし昆布を加えて冷蔵室で1日おく。
＊　冷蔵室で1週間ほど保存可。
＊　だし昆布は食べるときに細切りにして盛り合わせます。

「パリポリと食べ続けられるもの、ナンバー1。
ご飯のおともに、お茶うけに、ご飯に混ぜておにぎりに、お弁当のおかずにも」

◎白菜の中華甘酢漬け

材料(作りやすい分量)
白菜…1/4個
粗塩…大さじ1
A
┊ 砂糖…大さじ4
┊ 酢…大さじ5
┊ ごま油…小さじ1
赤唐辛子(小口切り)…2本分
花椒…小さじ1
油…大さじ1と1/2

1 白菜は軸と葉に分け、軸は5cm長さの拍子木切り、葉は小さめのざく切りにする。
2 ボウルに1を入れ、粗塩をまぶして20分おく。
3 別のボウルに2の水けをしぼって入れ、Aを加え混ぜ、赤唐辛子と花椒をのせる。
4 フライパンに油を入れ、煙が出るくらいまで熱し、白菜にのせた花椒にむかってかける(a)。全体に混ぜ、保存容器に移し入れて冷蔵室で2時間以上おく。
* 冷蔵室で1週間ほど保存可。

「塩をしてから、熱した油をまわしかけて漬ける私流・新スタイル漬物。
花椒の香りと甘酸っぱさが食欲をそそります」

●白菜のサーモン巻き

材料（2人分）
サーモン（刺身用／柵）…100g
塩…少々
黒こしょう…少々
白菜の中華甘酢漬け（p.82）…50g
A
┊白菜の中華甘酢漬けの漬け汁…大さじ1
┊マヨネーズ…大さじ1
┊粒マスタード…大さじ1

1　サーモンはひと口大のそぎ切りにし、塩、こしょうをして5分ほどおく。
2　白菜の中華甘酢漬けはペーパータオルにのせ、汁けをきる。
3　2を1で巻き、器に盛ってAを混ぜ合わせたソースを添える。

「汁けをたっぷりまとったジューシーな白菜を、サーモンでくるり。
甘酢漬けの漬け汁にマヨネーズと粒マスタードを加えたソースを添えて」

◎ かぶの浅漬け

材料（作りやすい分量）
かぶ…6個
粗塩…適量（かぶの重さの2%）
A
⋮ だし昆布…5g
⋮ みりん…大さじ1
赤唐辛子…2本

1　かぶは茎を切り、4等分のくし形に切る。茎は10cm長さに切る。
2　ボウルに1を入れ、粗塩をまんべんなくまぶして保存容器に移す。
3　Aと赤唐辛子を加え混ぜ、冷蔵室で半日以上おく。

「かぶの甘みを生かして塩と昆布、みりん、赤唐辛子で正統派にあっさりと。
4等分に切って食べ応えも出しました」

材料（2人分）

鯛（刺身用／柵）…60g

かぶの浅漬け（p.84）…60g

A

　　おろしにんにく…小さじ1/2

　　レモン汁…小さじ1

　　しょうゆ…小さじ1

　　オリーブオイル…大さじ1

バゲット…適量

白いりごま…小さじ1

1　鯛とかぶの浅漬けは5mm角に切る。かぶの浅漬けの茎は小口切りにする。

2　1をAであえる。

3　バゲットを食べやすい厚さに切り、トーストする。2をのせ、白ごまをふる。

● 鯛とかぶのタルタル

「鯛のタルタルに、かぶの浅漬けの塩けがちょうどよし。
香ばしくトーストしたパンにのせて、ワインに合う前菜完成」

◎長ねぎのマリネ

材料（作りやすい分量・
21×16×H3cmの保存容器）
長ねぎ…3本
塩…大さじ2

A
薄口しょうゆ…大さじ1
みりん…大さじ1
赤ワインビネガー…大さじ2
黒こしょう…少々
油…大さじ3
オリーブオイル…大さじ3
エストラゴン（生）…適量

1 長ねぎは15cmほどの長さに切り分
　ける。
2 鍋に湯1ℓを沸かして塩を加え、1を
　やわらかくなるまでゆでる。ざるに
　あけ、ゆで汁をきる。
3 粗熱がとれたら2の水けをふき、保
　存容器に並べ入れる。Aを混ぜ合わ
　せてかけ、エストラゴンをちらす。
　表面にぴったりラップをかけ、冷蔵
　室で2時間以上おく。

「冬ならではの作りおき。やわらかくゆでた長ねぎをオイルとワインビネガー、しょうゆなどに漬け、
ちょっとしゃれてエストラゴンで香りづけ。そのままでも、サラダや刺身に合わせても」

材料（2人分）
甘えび（刺身用）…10尾
A
┊長ねぎのマリネのマリネ液…大さじ1
┊わさび…小さじ1/2
長ねぎのマリネ（p.86）…2本
ブロッコリースプラウト…適量

1 甘えびは殻をむき、頭と尾を取って
　Aであえる。
2 長ねぎのマリネはひと口大に切る。
3 器に1と2を盛り合わせ、スプラウ
　トをあしらう。

「甘えびのトロ甘に、長ねぎのマリネの酸味がごくピタッ。
スプラウトの苦みとわさびの辛みをアクセントに。これもまたお酒がすすむ一品」

◎長ねぎ塩だれ

材料（作りやすい分量）
長ねぎ…2本
大根…300g
A
　昆布茶…小さじ1
　白いりごま…大さじ1
　粗塩…小さじ2
　黒こしょう…小さじ1
　みりん…大さじ1
レモン汁…2個分
ごま油…大さじ4

1　長ねぎはみじん切りにする。
2　大根はすりおろして汁けをきる。
3　フライパンにごま油を弱火で熱し、1をしんなりするまで炒める。
4　Aを加えて炒め合わせ、なじんだら火を止めて2とレモン汁を加えて混ぜ合わせる。

「焼肉屋さんで牛タンにのせるねぎだれ的な、万能だれ。
長ねぎがたくさん手に入ったら仕込んでおくと、かなり役立ちますよ！」

◎春菊ペースト

材料（作りやすい分量）
春菊…2わ
松の実…30g
A
　塩…少々
　薄口しょうゆ…大さじ1
　みりん…大さじ1
油…1カップ

1　春菊は茎と葉に分け、熱湯でそれぞれゆでて氷水にさらす。
2　1の水けをしっかりしぼり、ざく切りにする。
3　ミキサーに2、松の実、Aを入れ、油を少しずつ加えながら（a）攪拌してなめらかなペースト状にする。
＊　あまり長くミキサーにかけると色が悪くなるので注意。

a

「春菊はそのまま食べるのもおいしいけれど、ペーストにしておくと使い勝手が広がります。
松の実と合わせて、バジルペーストならぬ、春菊ペースト！」

材料（2人分）
絹ごし豆腐…1丁
長ねぎ塩だれ（p.88）…大さじ2

1　豆腐は水けをきって、手でくずして器に盛る。
2　1に長ねぎ塩だれをまわしかける。

◉ねぎ塩くずし奴

「くずした豆腐に長ねぎ塩だれがしみしみ。このたれがあればしょうゆいらず。そのままバクバクどうぞ！」

材料（2人分）
かじきまぐろ…2切れ
塩…少々
小麦粉…適量
ししとうがらし…4本
長ねぎ塩だれ（p.88）…大さじ2
油…大さじ1

1　かじきは水けをふき、全体に塩をふって小麦粉をまぶす。
2　フライパンに油を熱し、1を両面カリッと焼く。空いているところでししとうも焼く。
3　器に2を盛り合わせ、かじきに長ねぎ塩だれをかける。

● かじきのねぎ塩焼き

「ただ焼いただけの魚もこの通り！
外はカリッと中はふわふわのかじきに、長ねぎ塩だれのパンチでコントラストをきかせて」

● まぐろとアボカド　春菊あえ

材料（2人分）
まぐろ赤身（刺身用/柵）…60g
アボカド…1/2個
しょうゆ…大さじ1
春菊ペースト（p.89）…大さじ2
白いりごま…少々

1　まぐろとアボカドは2cm角に切る。
2　1をしょうゆでさっとあえ、余分な
　　しょうゆをきって春菊ペーストであ
　　える。
3　器に盛り、白ごまをふる。

「切ってあえれば一品完成！　いつものしょうゆあえだけじゃない、ワンランク上のあえ物。
ペーストであえるので、とろっとするのもいい感じ」

● 鶏じゃが春菊炒め

材料（2人分）
じゃがいも…2個
鶏もも肉…1枚
塩…少々
春菊ペースト（p.89）…大さじ2
黒こしょう…少々
油…大さじ1

1 じゃがいもはひと口大に切って、水からやわらかくなるまで下ゆでする。ざるにあけ、ゆで汁をきる。
2 鶏肉は余分な脂を除き、小骨があれば取り除く。ひと口大に切って塩をふる。
3 フライパンに油を熱し、2を炒める。焼き目がついたら1を加えて炒める。油がなじんだら、春菊ペーストを加えて炒め合わせる。
4 器に盛り、こしょうをふる。

「春菊ペーストに火を入れると、青々しさがやわらぎ、やさしい味わいに。
肉のうまみやじゃがいもの甘みとも調和。味つけはペーストのおかげで、塩、こしょうのみ」

春菊あえ麺 イクラのせ

材料（2人分）
そうめん…2わ
春菊ペースト（p.89）…大さじ3
イクラしょうゆ漬け…30g
刻みのり…適量

1 そうめんはたっぷりの湯でゆで、冷水でもみ洗いして水けをしっかりきる。
2 1を春菊ペーストであえる。
3 器に盛り、イクラしょうゆ漬けをのせて刻みのりをちらす。

「麺をゆでてペーストであえるだけ。時折、口の中にやってくるプチプチしたイクラが
ちょうどいい塩けを運んでくれます。見た目のごちそう感もいいでしょ！」

肉

meat

◎鶏そぼろ

材料（作りやすい分量）
鶏ももひき肉…500g
A
┊酒…大さじ4
┊砂糖…大さじ4
┊しょうゆ…大さじ6
┊みりん…大さじ4
┊水…1カップ

1 鍋にひき肉とAを入れ、火にかける。
箸数本で絶えずかき混ぜ（a）、ひき肉
がほぐれて火が入ったら弱火にする。
煮汁が澄んできたら火を止め、そのま
ま冷ます。

「味を含んでしっとりしたそぼろは、ご飯にかける、野菜とあえる、卵に混ぜて焼くなど、使い道いろいろ。

忙しい日にも、何もない日にも、作っておいてよかったと心底思える常備菜」

材料（2人分）
好みの生野菜…適量
A
：マヨネーズ…大さじ3
：鶏そぼろ（p.96）…大さじ2
：一味唐辛子…少々

1　生野菜は食べやすく切る。
2　器に1を盛り、Aを混ぜ合わせて
　　添える。

◉野菜スティック 鶏そぼろマヨネーズ

「マヨネーズにそぼろを加えれば、野菜スティックがたちまちおもてなし料理に！」

● 親子卵焼き

材料（2人分）
卵…3個
鶏そぼろ（p.96）…大さじ3
三つ葉（小口切り）…3本分
大根…100g
油…大さじ2
しょうゆ…少々

1　ボウルに卵を割りほぐし、鶏そぼろ、三つ葉、水大さじ3を加えてよく混ぜ合わせる。
2　大根はすりおろし、汁けをきる。
3　卵焼き器を熱して油をなじませ、1を1/3量流し入れる。まわりがかたまってきたら菜箸で泡をつぶし、半分に折りたたむ。
4　1の残りの半量を流し入れ（3の下にも）、同様に焼く。これをもう1回繰り返す。
5　食べやすい大きさに切って器に盛り、2を添えてしょうゆをたらす。

「いつもの卵焼きがバージョンアップ。そぼろのコクが卵にしみしみ」

豆腐としめじ そぼろうま煮

材料（2人分）
しめじ…1パック
木綿豆腐…1丁
塩…少々
こしょう…少々
A
　鶏そぼろ(p.96)…大さじ3
　水…1/2カップ
ごま油…大さじ1
水溶き片栗粉（同量で溶いたもの）…大さじ1
万能ねぎ（小口切り）…3本分

1　しめじは根元を落とし、ほぐす。
2　フライパンにごま油を熱し、1を炒める。しんなりしたら豆腐を手でくずしながら加えて炒め合わせ、塩、こしょうをする。
3　Aを加えて炒め、水溶き片栗粉でとろみをつける。
4　器に盛り、万能ねぎをあしらう。

「豆腐にほんのり甘い鶏そぼろがからんだ、とろとろうま煮。
そぼろがあるから味つけは塩、こしょうのみでよし。しめじのだしもきいてます」

◎ゆで鶏

「もも肉とむね肉、両方いっぺんに作っておけるからラクチン。
野菜と合わせて、ご飯に添えてと何かと使えるし、おいしいスープもとれて一度で3度おいしい」

材料（作りやすい分量）
鶏もも肉…1枚
鶏むね肉…1枚
長ねぎ（青い部分）…適量
だし昆布…5g
A
：酒…1カップ
：薄口しょうゆ…大さじ4
：水…6カップ

1　鶏もも肉は余分な脂を除き、小骨があれば取り除く。鶏むね肉は皮をはぎ、厚みを半分に切る。

2　長ねぎは適当な長さに切る。

3　鍋にだし昆布、A、1、2を入れ、火にかける。沸騰直前でアクをひき、ごく弱火にして20分煮る。途中、鶏肉の上下を返す。火を止め、ペーパータオルをかぶせ、そのまま冷ます。

● ねぎ鶏

材料（2人分）
ゆで鶏（もも肉）（上記）…1/2枚
トマト…1個
長ねぎ塩だれ（p.88）…大さじ2

1　ゆで鶏はひと口大に切る。

2　トマトは薄切りにする。

3　器に1と2を盛り、長ねぎ塩だれをかける。

「作っておいた2つを合わせれば、この通り！　中華風なひと皿が1分で完成」

●ジーロー飯

材料（2人分）

ゆで鶏（むね肉）(p.100)
　…1/2枚

きゅうり…1本

塩…少々

A
　砂糖…大さじ1
　酢…大さじ1

B
　砂糖…小さじ1
　しょうゆ…大さじ1
　オイスターソース…大さじ1
　ゆで鶏のスープ…120ml
　油…大さじ2

フライドオニオン…大さじ2

ご飯（温かいもの）…茶碗2杯分

白いりごま…少々

1　ゆで鶏はフォークを使ってひっかけ、
　細かくさく。

2　きゅうりは小口切りにし、塩をふっ
　てもむ。出てきた水けをしぼり、A
　であえる。

3　フライパンにBを入れ、火にかける。
　煮立ったらフライドオニオンを加え
　混ぜ、火を止める。

4　器にご飯を盛り、1をのせて3をまわ
　しかける。白ごまをふり、2を添える。

「ゆでておけば、ご飯を炊いて鶏肉をさいて添えるだけ。
たれに加えた鶏のスープが味わいを深め、異国へと誘ってくれるひと皿に」

材料（2人分）
ゆで鶏（もも肉）（p.100）…1/2枚
ゆで鶏（むね肉）（p.100）…1/2枚
パセリ…1わ
A
　酢…大さじ1
　ゆで鶏のスープ…大さじ1
　オリーブオイル…大さじ1
パルミジャーノレジャーノ…20g
黒こしょう…少々

1　ゆで鶏はそれぞれひと口大に切る。
　　パセリは粗みじん切りにする。
2　器に1のゆで鶏を盛り、Aを混ぜ合
　　わせてかける。1のパセリをちらして
　　チーズをすりおろし、こしょうをふ
　　る。

「パセリの青々しさとチーズのまろやかなコクがWゆで鶏のジューシーなおいしさを下支え。
ついついつまみたくなる一品に仕立てました」

◎鶏レバー含め煮

材料（作りやすい分量）
鶏レバー…500g
A
　だし汁…2と1/2カップ
　砂糖…大さじ1
　しょうゆ…大さじ3
　みりん…大さじ3
しょうが（せん切り）…20g

1　鶏レバーは血合いや余分な脂を取り除く。大きければ半分に切って、氷水をはったボウルに30分つける（a）。

2　鍋に湯を沸かし、1の水けをきってさっと霜降りにする。水におとし、まわりについたアクなどを落とす。

3　鍋をきれいにし、Aを入れて火にかける。煮立ったらしょうがと2の水けをきって加える。再び煮立ったら弱火にし、ペーパータオルをかぶせて20分ほど煮る（b）。火を止め、そのまま冷ます。

「時間があるときに作っておくと、便利な含め煮。そのままつまみに、野菜や卵と合わせても。
この超絶しっとりシルクタッチな食感を味わってほしい」

◎砂肝オイル漬け

材料(作りやすい分量)
砂肝…500g
にんにく…2片
A
⋮砂糖…5g
⋮粗塩…10g
⋮黒こしょう…少々
油…適量

1　砂肝は銀皮と余分な脂を取り除く。にんにくは薄切りにする。

2　ボウルに1とAを入れ、よく混ぜ合わせる。表面にぴったりラップをして冷蔵室で1日おく（a）。

3　2の汁けをふいて鍋に入れ、ひたひたに油を注いで火にかける。沸かない程度（80〜90℃）に温度を保ちながら（b）3時間ほど煮る。

4　ざるで濾し、油と砂肝を分ける。油をしばらくおき、煮汁と油が分離したら油だけ取って（c）砂肝といっしょに保存容器に移す。

＊　冷蔵室で1週間ほど保存可。

「下味をしみ込ませたら、低温オイルでじっくり火を入れるからやわらか〜い。しかも味しみしみ！」

◉ にらレバたま

材料（2人分）
鶏レバー含め煮（p.104）…100g
卵…2個
にら…1/3わ
長ねぎ…1/4本
ザーサイ…30g
A
　砂糖…大さじ1
　しょうゆ…大さじ3
　酢…大さじ3
　一味唐辛子…少々
　ごま油…小さじ2

1　鶏レバー含め煮はひと口大に切る。
2　卵は半熟ゆで卵にして半分に切る。
3　にら、長ねぎ、ザーサイはすべてみじん切りに
　してAと混ぜ合わせる。
4　器に、1と2を盛り合わせ、3をまわしかける。

◉ レバーと洋梨のピンチョス

材料（2人分）
鶏レバー含め煮（p.104）…100g
大葉…3枚
洋梨…1/2個
A
　レモン汁…小さじ1
　黒こしょう…少々
　オリーブオイル…小さじ1

1　鶏レバー含め煮と大葉は食べやすく切る。
2　洋梨はひと口大に切ってAであえる。
3　1と2を楊枝にさす。

「スタミナ満点料理だけれど、ちょっとおしゃれに。
酸味のきいたたれとこっくり煮たレバーの相性がぴったり。
トロトロのゆで卵と合わせて」

「レバーに洋梨!? しかも大葉？と驚くなかれ。鶏レバー含め煮
さえあれば、おしゃれなつまみもチャチャッと完成。
この三位一体のハーモニーをお楽しみください」

◉きんぴら砂肝

材料（2人分）
ごぼう…80g
にんじん…40g
A
　酒…大さじ3
　砂糖…大さじ1
　しょうゆ…大さじ2
砂肝オイル漬け（p.105）…100g
ごま油…大さじ1
黒いりごま…少々
一味唐辛子…少々

1　ごぼうとにんじんはマッチ棒くらいの細切りにする。
2　フライパンにごま油を熱し、1を炒める。しんなりしたらAを加えて炒め、味がなじんだら砂肝オイル漬けを加えてさっと炒め合わせる。
3　器に盛り、黒ごまと一味をふる。

◉砂肝のマセドニアンサラダ

材料（2人分）
きゅうり…1/2本
じゃがいも…1個
にんじん…100g
塩…適量
砂肝オイル漬け（p.105）…100g
A
　マヨネーズ…大さじ3
　トマトケチャップ…大さじ1
　黒こしょう…少々
黒こしょう…適量

1　きゅうりは1cm角に切って塩少々をふり、少しおく。出てきた水けはふく。
2　じゃがいもとにんじんは1cm角に切って、水からやわらかくなるまでゆでる。ざるにあけ、熱いうちに塩少々をふって少しおく。
3　ボウルに1と2、砂肝オイル漬けを1cm角に切って入れ、Aを加えてさっとあえる。
4　器に盛り、こしょうをふる。

「いつものきんぴらがゴージャスに様変わり。
作っておけば、うまみも、ボリュームも
プラスワンになる！」

「にんじん、じゃがいも、きゅうりと1粒ずつ味わったところに、
お、まさかの砂肝も！とうれしくなるもよし、
一気にパクッと食べてハーモニーを味わうのもいいですよ」

◎豚のみそ漬け

材料（作りやすい分量）
豚ロースステーキ用肉…4枚
A
  酒…40ml
  砂糖…40g
  みそ…100g

1　豚肉は水けをふく。
2　Aを混ぜ合わせ、1の両面にぬりつける。
3　保存容器に2を入れ、冷蔵室で1日おく。
＊　2日目くらいが食べごろです。

「みそのおいしさが肉のすみずみまでしっかり。おいしいのは当たり前。
このやわらかさ、すごいことになってますんで。よろしく」

みそを洗い流して水けをふき、フライパンに油をひいて両面焼く。食べやすく切って器に盛る。好みでレモンと大根おろしを添えても。

食べるときに温め、斜め薄切りにした長ねぎを添える。

◎焼豚

材料（作りやすい分量）

豚肩ロース肉（ブロック）
　…600g

A
　おろししょうが…大さじ1
　白練りごま…大さじ1
　酒…大さじ3
　砂糖…大さじ3
　しょうゆ…大さじ1
　塩…小さじ1
　オイスターソース…大さじ1

B
　はちみつ…大さじ2
　黒こしょう…小さじ1/2
油…大さじ1

1　豚肉は厚みを半分に切って、フォークで
　全体にまんべんなく穴をあける（a）。
2　ボウルにAを混ぜ合わせ、1を入れてよ
　くもみ込む。ラップをして冷蔵室で1日
　おく（b）。
3　フライパンに油を熱して2の汁けをふい
　て入れ、全体に焼き目をつけて（c）取り
　出す。
4　200℃に温めたオーブンに3を入れ、10
　分焼く。肉を裏返してさらに10分焼き、
　オーブンから出して常温で10分休ませる。
5　Bを合わせ、刷毛で4にぬる。

「練りごまのコクと、オイスターソースのうまみが隠し味。仕上げのはちみつで照りと甘みを、黒こしょうでピリッと締め！」

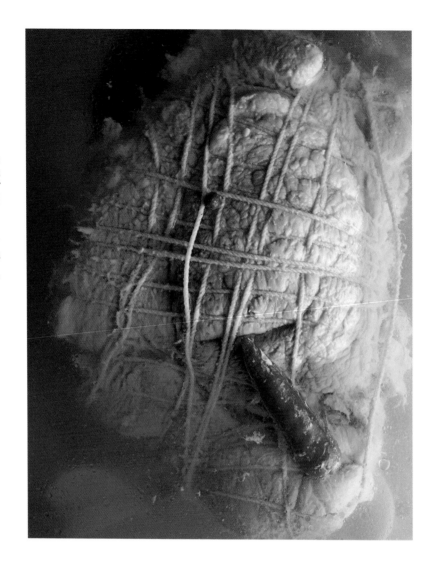

◎豚ロースハム

材料 (作りやすい分量)

豚もも肉 (ブロック)…500g

A

　にんにく…2片

　赤唐辛子…1本

　ローリエ…1枚

　砂糖…大さじ2

　粗塩…大さじ2

　粒黒こしょう…10粒

　水…1と1/2カップ

B

　コンソメスープ…1ℓ

　塩…小さじ1

1 豚肉はフォークで全体に穴をあけ、タコ糸でしばって形を整える。

2 鍋にAを入れ、火にかける。煮立ったら火を止め、そのまま冷ます。

3 食品用ポリ袋に1と2を入れ、空気を抜いて口をとじ、冷蔵室で1日おく (a)。

4 3を常温にもどす。鍋にBとともに入れ、水をひたひたに注いで火にかける。沸騰直前で弱火にし (b)、ペーパータオルをかぶせて1時間ほどじっくり煮る (80〜90℃くらいの温度)。火を止め、そのまま冷ます。

＊ 煮汁は塩で味をととのえてスープに！

＊ コンソメスープは顆粒のスープの素を湯で溶かしたものでOK。

a

b

「もも肉なので、しつこすぎずしっとり、ジューシー。肉の甘みもうまみも逃さず仕上げました」

食べやすく切って器に盛り、粒
マスタードとパセリを添える。

◎牛時雨煮

材料（作りやすい分量）
牛切り落とし肉…300g
しょうが…50g
A
  ：酒…1カップ
  ：砂糖…大さじ2
  ：しょうゆ…大さじ2

1　しょうがはせん切りにし、さっと水で洗う。
2　牛肉は包丁の背でたたいてのばし、やわらか
　　くして（a）2cm角くらいに切る。熱湯にさっ
　　とくぐらせ、アクを取ってざるにあける。
3　鍋にAを入れ、火にかける。煮立ったら2を
　　加え、全体をほぐす。
4　1を加え、弱火で混ぜながら煮詰める。煮汁
　　がほぼなくなったら火を止め、冷ます。

「これだけで、ご飯もお酒もすすむ、すすむ。しっかりおいしい、しみじみおいしい。

飽きることのない味わいです」

◎牛の佃煮

材料（作りやすい分量）
牛ひき肉…300g
A
  ：酒…1カップ
  ：水…1カップ
しょうが（みじん切り）…30g
B
  ：砂糖…大さじ3
  ：しょうゆ…大さじ4
  ：みりん…大さじ1

1　鍋にひき肉とAを入れて火にか
　　け、箸数本で混ぜながら火を入
　　れる。アクはしっかりていねい
　　にひく（a）。
2　汁けが半分くらいになったら
　　しょうがとBを加え（b）、汁け
　　がほぼなくなるまで木べらで混
　　ぜながら炒り煮にする。火を止
　　め、そのまま冷ます。

「やや味しっかりめで、満足度高し。味足しや、ちょっとボリュームが足りないときなどにはもちろん、
卵に混ぜて焼いたり、サラダに加えたり、麺やご飯にのせたりと、大活躍間違いなし」

●肉吸い

材料（2人分）
木綿豆腐…1/2丁
牛時雨煮（p.114）…100g
A
⋮だし汁…3カップ
⋮薄口しょうゆ…大さじ2
⋮みりん…大さじ2
青ねぎ（小口切り）…2本分
七味唐辛子…少々

1　豆腐はひと口大に切る。
2　鍋にAを入れて火にかけ、牛時雨煮を加えてひと煮する。1を加え、2〜3分煮てから青ねぎも加えてさっと煮る。
3　器に盛り、七味をふる。

「時雨煮と豆腐で、大阪の郷土料理"肉吸い"もあっという間。
ご飯に生卵をのせて、いっしょにどうぞ」

◉肉舞茸

材料（2人分）
舞茸…2パック
A
：酒…大さじ2
：塩…少々
牛時雨煮（p.114）…100g
ごま油…大さじ1

1 　舞茸は手でほぐす。
2 　フライパンにごま油を熱し、1を焼きつ
　　けるように炒める。焼き目がついたらA
　　を加えてさっと炒め、牛時雨煮を加えて
　　炒め合わせる。

「時雨煮の煮汁のおいしさが舞茸にからんで、
うまみ倍増。これはいくらでも食べられる！
お弁当のおかずにもつまみにもの、代表格」

材料（2人分）
しらたき…2袋
牛の佃煮（p.115）…100g
酒…大さじ3
油…大さじ2
粉山椒…少々
万能ねぎ（小口切り）…3本分

1 　しらたきは熱湯でゆで、ざるにあけて食
　　べやすい長さに切る。
2 　フライパンに油を熱し、1を水分をとば
　　しながらちりちりになるまで炒める。
3 　牛の佃煮と酒を加えて炒め合わせ、粉山
　　椒をふって万能ねぎをちらす。

「プリプリのしらたきに牛の佃煮がからまり、
口の中がプリッ、ジュワ〜の連続！
山椒をきかせて」

◉ちりちりしらたき

●牛と里芋の炊き込みご飯

材料（3〜4人分）
米…2合
里芋…4個
三つ葉…3本
A
⋮ だし昆布…3g
⋮ 酒…40ml
⋮ 水…360ml
牛の佃煮（p.115）…100g

1 米はといで30分ほど水につけ、ざるにあける。

2 里芋は2cm角に切り、洗ってぬめりを取る。

3 三つ葉は小口切りにする。

4 土鍋に1、2、A、牛の佃煮を入れ、普通に炊く。

5 炊き上がったらだし昆布を取り出し、さっくり混ぜて3をちらす。

＊ 昆布は細かく切って加えてもいいし、とっておいて佃煮（p.127）にしても。

「牛の佃煮があるので、だしいらず。ふっくら炊き上がったご飯にも、ホクホク里芋にも、
牛の佃煮のうまみがしっかりギューッ！」

魚介

seafood

◎鯛そぼろ

材料（作りやすい分量）
鯛（切り身）…300g
しょうが…20g
A
：酒…80ml
：砂糖…小さじ1
：薄口しょうゆ…20ml
：みりん…大さじ2

1 鯛は焼いて身をほぐす。小骨はていねいに取り除く。

2 しょうがはみじん切りにする。

3 鍋にAを入れ、火にかける。煮立ったら1と2を入れ、弱火でほぐしながら炒りつけるようにして炊き上げる（a）。

「ふわふわで上品な甘みと塩けは、鯛で作るからこそ。野菜とあえたり、ご飯にのせたり」

材料（2人分）
かぶ…2個
塩…適量
砂糖…少々
鯛そぼろ（p.120）…50g
油…大さじ1

1 かぶは皮つきのまま1.5cm幅に切る。茎は
　小口切りにして塩少々をふってもみ、出て
　きた水けをしぼる。
2 1のかぶの両面に塩少々と砂糖をふる。
3 フライパンに油を熱し、2を両面焼き目が
　つくまで焼く。
4 3をボウルに入れ、鯛そぼろ、1の茎適量
　を加えてさっとあえる。

● 焼きかぶ鯛そぼろあえ

「かぶの香ばしい焼き目に、鯛そぼろをまとわせて」

材料（2人分）

しいたけ…3枚

絹さや…8枚

A

　: しょうゆ…小さじ2

　: みりん…小さじ2

　: 水…1カップ

鯛そぼろ（p.120）…50g

卵…2個

1 しいたけは石づきを落とし、かさを厚めに切る。

2 絹さやは筋を取って半分の長さに切る。

3 鍋にAと1、2、鯛そぼろを入れ、火にかける。煮立ったら弱火にして3分ほど煮る。

4 卵を割りほぐして3にまわし入れ、半熟で火を止めて器に盛る。

「いつもの卵とじが、鯛そぼろとしいたけでうまみと食べ応えアップ」

◎鯛と新玉ねぎ南蛮漬け

材料（作りやすい分量）

鯛（上身）…300g

新玉ねぎ…2個

にんじん…50g

しょうが…20g

赤唐辛子…3本

A

   だし昆布…5g

   砂糖…大さじ2

   酢…1カップ

   薄口しょうゆ…1/4カップ

   水…1と1/2カップ

塩…少々

小麦粉…適量

揚げ油…適量

1 玉ねぎは薄切り、にんじんとしょうがはせん切りにする。赤唐辛子は小口切りにする。

2 鍋にAを入れ、火にかける。煮立ったら1を加えてざっと混ぜ合わせ、火を止めてそのまま冷ます。

3 鯛はひと口大に切って塩をふり、20分おく。出てきた水けをふき、小麦粉をまぶす。

4 180℃の揚げ油で3を2〜3分、カリッとするまで揚げ、2に漬け込む。冷蔵室で2時間以上おく。

「鯛のふんわりした食感とやさしい甘みに対し、キリッと酸味をきかせた漬け汁がいいバランス。
玉ねぎは多めがおいしいです」

◎わかめのきんぴら

材料（作りやすい分量）
わかめ（もどしたもの）…300g
A
：酒…大さじ6
：砂糖…大さじ2
：しょうゆ…大さじ4
白いりごま…大さじ1
一味唐辛子…少々
ごま油…大さじ2

1　わかめは食べやすくざく切りにする。
2　フライパンにごま油を熱し、1を炒める。油
　　がなじんだらAを加えて炒め合わせ、汁けが
　　なくなるまで炒りつける。白ごまと一味をふ
　　り、火を止めてそのまま冷ます。

「海の香りとごま油の風味、ピリッときかせた一味が食欲をそそるきんぴら。いくらでも食べられる！」

◎昆布の佃煮

材料 (作りやすい分量)
だしをとったあとの昆布…500g
A
　：酒…1カップ
　：砂糖…150g
　：水…4カップ
しょうゆ…180ml
酢…大さじ1

1　昆布は4cm四方に切る。
2　鍋に1とAを入れ、火にかける。煮立ったら
　　弱火にし、煮汁が半量くらいになるまで煮る。
3　しょうゆ半量を加えて時々混ぜながらさらに
　　煮、もうひと煮立ちしたら残りのしょうゆと
　　酢を加える。時々混ぜながら煮汁がほぼなく
　　なるまで煮て、火を止めてそのまま冷ます。
＊　保存容器に入れ、冷蔵室で1週間ほど保存可。

「家でこれが作れたらもう市販品は買えません！　しみじみおいしい。
ご飯にはもちろん、お茶うけ、酒のつまみにも」

◉豚バラ わかめ 長ねぎピリ辛あえ

材料（2人分）
長ねぎ…1/2本
豚バラ薄切り肉…150g
A
: 砂糖…小さじ1
: しょうゆ…大さじ1
: 酢…大さじ2
: 豆板醤…小さじ1
わかめのきんぴら（p.126）…50g

1 長ねぎは斜め薄切りにして水にさらし、水
　けをきる。
2 鍋に湯を沸かし、火を止めてから豚肉を霜
　降りにする。ざるにあけ、ゆで汁をきって
　ひと口大に切る。
3 ボウルにAを混ぜ合わせ、1、2、わかめ
　のきんぴらを加えてさっとあえる。

「わかめのきんぴらのネバ感に豚肉の甘みがほどよく合いの手を入れる感じ。ご飯もお酒も、どちらにも！」

材料（2人分）
ご飯（温かいもの）…300g
A
　：砂糖…大さじ1
　：塩…小さじ1
　：酢…大さじ2と1/2
昆布の佃煮（p.127）…50g
貝割れ菜…1/2パック
焼きのり…1枚
わさび…少々
白いりごま…小さじ1

1　ご飯にAを混ぜ合わせ、酢飯を作る。
2　昆布の佃煮は細切りにする。貝割れ菜は根元を落とす。
3　焼きのりを半分に切って酢飯を半量のせて広げ、わさびと2を半量ずつのせて白ごまを半量ふる。具を芯にして巻き、ひと口大に切り分ける。同様にもう1本巻く。

「ピリッときいたわさびと貝割れ菜に、味わい深い昆布を合わせた大人ののり巻き」

◎あさりの時雨煮

材料（作りやすい分量）
あさり…1.2kg
しょうが…40g
酒…1と1/4カップ
砂糖…大さじ4
しょうゆ…大さじ1

1 あさりは砂抜きし、殻をこすり合わせて洗う。しょうがはせん切りにしてさっと洗う。

2 鍋に1のあさりを入れ、酒を加えて火にかける。煮立ったらふたをし、あさりの口が開くまで3〜4分蒸す。ざるで濾し、蒸し汁とあさりに分ける（a）。あさりは殻から身をはずす。

3 鍋に2の蒸し汁、砂糖、1のしょうがを水けをきって入れ、火にかける。煮立ったらアクを取り除き、1分ほど煮る。

4 あさりを加えてさらに1分ほど煮、しょうゆを加えて全体になじませてから1分ほど煮る。ざるで濾し、煮汁と具材に分ける。

5 鍋に4の煮汁を戻し入れ、火にかける。とろみがつくまで煮詰め、具材を戻し入れて煮汁がほぼなくなるまで煮からめる（b）。火を止め、そのまま冷ます。

「あさりの海の香りとうまみに、しょうがのさわやかさをきかせつつ甘じょっぱく炊いたご飯のおとも。
酒のつまみにも」

あさりと三つ葉ののりあえ

材料（2人分）
三つ葉…1わ
A
⋮しょうゆ…小さじ1
⋮わさび…少々
焼きのり…1/2枚
あさりの時雨煮（p.130）…50g

1 三つ葉は熱湯でさっとゆで、冷水にさらして水けをしっかりしぼる。3cm長さに切ってAであえる。
2 のりは手で食べやすい大きさにちぎる。
3 1、2、あさりの時雨煮をさっとあえる。

「かみしめるほどにうまみが広がる時雨煮に、三つ葉のあっさりが好相性。のりの風味とともにどうぞ」

あさりとごぼうのかき揚げ

材料（2人分）
ごぼう…80g
あさりの時雨煮（p.130）…50g
卵黄…1個分
小麦粉…100g
揚げ油…適量
塩…少々
すだち…1個

1 ごぼうはささがきにしてさっと洗って水け
　をきる。
2 ボウルに1、あさりの時雨煮、卵黄を入れ、
　からめる。
3 2に小麦粉と水を少しずつ加え混ぜ、全体
　がまとまるくらいの加減にする。
4 3をスプーンですくってひと口大にまと
　め、170℃の揚げ油にそっと入れて3〜4
　分揚げる。
5 器に盛り、塩とすだちを半分に切って添え
　る。

「深川飯などでもおなじみの、ごぼうとあさりの名コンビをかき揚げに」

◎いかにんじん

材料（作りやすい分量）
するめ…1枚
だし昆布…5g
酒…大さじ6
にんじん…3本
塩…小さじ2
A
┊ざらめ糖…大さじ2
┊しょうゆ…大さじ5

1　するめはキッチンバサミで細切りにし、だし
　　昆布と酒とともに30分ほど漬ける（a）。昆
　　布がやわらかくなったらキッチンバサミで細
　　切りにする。
2　にんじんは5cm長さのマッチ棒くらいの細
　　切りにする。塩をまぶして30分ほどおき、
　　しんなりしたら水にさらしてざるにあけ、水
　　けをきる。
3　鍋に1の漬け汁とAを入れ、火にかける。煮
　　立ってざらめ糖が完全に溶けたら、火を止め
　　てそのまま冷ます。
4　食品用ポリ袋に1のするめとだし昆布、2を
　　入れ、3を加える。空気を抜いて口をとじ（b）、
　　冷蔵室で半日以上おく。

a

b

「いかとだし昆布のうまみがしみ渡ったにんじん。
そのままポリポリ食べてもいいし、もう1つ野菜を加えてあえ物にしてもいい」

● いかにんじん無限ピーマン

材料（2人分）
ピーマン…3個
いかにんじん（p.134）…100g
ごま油…大さじ1
黒こしょう…少々

1　ピーマンは細切りにして氷水にさらし、パリッとさせる。
2　ボウルに1の水けをきって入れ、いかにんじんとごま油を加えてあえる。仕上げにこしょうをふる。

「その名の通り、無限に食べられるおいしさ。
味がしっかりついたいかとにんじんに、生のピーマンの青々しさがちょうどよし」

◎いわしの梅煮

材料（作りやすい分量）
いわし…10尾
梅干し…4個
A
　砂糖…大さじ1と1/2
　しょうゆ…大さじ4
　酢…大さじ2
　みりん…大さじ4
　水…1カップ
しょうが（せん切り）…10g
B
　酒…1カップ
　水…2カップ

1　いわしはうろこを包丁でこそげ取り、頭、腹
　　部分、尾を切り落とす。内臓をかき出し、流
　　水で洗って水けをしっかりきる。3〜4等分
　　の筒切りにする（a）。
2　梅干しは手で適当な大きさにちぎる。種も捨
　　てずにおく。
3　鍋に1を重ならないように並べ入れ、Aを加
　　えて火にかける。煮立ったらアクをひき、弱
　　火にして2としょうがを加える（b）。アルミ
　　ホイルをかぶせ、3時間ほど煮る。煮汁が少
　　なくなったらBを少しずつ加える。
4　骨がやわらかくなるまで煮たら、火を止めて
　　そのまま冷ます。

「骨まで食べられるようにしっかり煮込むのが私流の梅煮。
あらかじめ筒形に切ってから煮ると、常備菜として少しずつ味わえるのもいいでしょ」

◎かつおのしょうが煮

材料（作りやすい分量）
かつお（半身）…900g
しょうが…60g
塩…少々
A
　酒…大さじ6
　砂糖…大さじ2
　みりん…大さじ6
しょうゆ…3/4カップ

1　かつおは小骨を取り除き、皮をひいて2cm角ほどに切る（a）。
2　しょうがは皮つきのまま薄切りにする。
3　鍋に湯を沸かして塩を入れ、1を霜降りにして水におとす。手でざっと洗ってアクを取り、水けをしっかりふく（b）。
4　鍋をきれいにしてAを入れ、火にかける。煮立ったらしょうゆ、2、3を加えて弱火にし、アルミホイルをかぶせて10分ほど煮る。煮汁がとろっとしてきたら全体に煮からめ（c）、火を止める。

「そのまま食べるのはもちろん、ほぐしておむすびに加えたり、卵焼きに混ぜ込んだり。
味出しにもなるし、ボリュームアップにもなる常備菜。まぐろ、ぶり、鮭などで作ってもおいしいですよ」

◎自家製ツナ

材料（作りやすい分量）
まぐろ赤身（柵）…600g
塩…少々
白こしょう…少々
にんにく…3片
A
：油…1カップ
：オリーブオイル…1カップ
ローリエ…2枚

1　まぐろは全体に塩、こしょうをし、30
　分ほどおく。出てきた水けはふく。
2　にんにくは薄切りにする。
3　フライパンにA、1、ローリエ、2を重
　ならないように並べ入れ、弱火にかける
　（a）。沸々してまぐろの色が変わってき
　たら、まぐろを裏返してアルミホイルを
　かぶせて火を止める。そのまま冷めるま
　でおき、油ごと保存容器に移す。
＊　冷蔵室で1週間ほど保存可。

a

「ツナが自家製って、気持ちがアガる。
サンドイッチも、オープンサンドもいつもより何倍もおいしくなること間違いなし」

食パンをトーストし、ツナをほぐしてのせる。いっしょに漬け込んだにんにくものせ、マヨネーズをしぼって黒こしょうをふる。文句なしにおいしいオープンサンド完成！

141

◎酢だこ

材料（作りやすい分量）
ゆでだこの足…3本
A
┊ 酢…1カップ
┊ 砂糖…80g
┊ 薄口しょうゆ…大さじ1
┊ 水…1カップ
赤唐辛子…1本

1　たこはひと口大に切る。先端のぐるぐる
　　巻いたところは切り落とす。
2　ボウルにAを混ぜ合わせ、1と赤唐辛子
　　を入れる。表面にぴったりラップをして
　　(a) 冷蔵室で1時間以上おく。

「かみしめるたびにジュワッとあふれる漬け地の酸味とたこの甘み。

思わず『日本酒くださーい！』と言いたくなる常備菜。そのままつまみに、あえ物にもいいですよ」

●ツナポテサラ

材料（2人分）
じゃがいも…3個
塩…少々
自家製ツナ（p.140）…60g
ゆで卵…1個
A
: マヨネーズ…大さじ3
: 粒マスタード…大さじ1
: しょうゆ…小さじ1
: こしょう…少々

1 じゃがいもはひと口大に切って鍋に入れ、水を
　ひたひたに注いで塩を加え、やわらかくなるま
　でゆでる。ゆで汁を捨て、鍋を火にかけてゆす
　り、水分をとばして粉ふきいもにする。
2 自家製ツナは粗めにほぐす。ゆで卵は殻をむい
　て粗みじん切りにする。
3 1をボウルに移し、熱いうちにAを加えて木べ
　らで粗めにつぶしながら混ぜ合わせる。
4 2を加えてざっくり混ぜる。好みでサラダ菜を
　添えても。

「いつものポテサラも、自家製ツナがあれば、スペシャルな一品に！」

材料（2人分）
大根…100g
キウイ…1個
酢だこ（p.142）…50g
A
┊ 酢だこの漬け汁…大さじ2
┊ わさび…小さじ1/3

1　大根はすりおろして汁けをきる。キウイは
　　ひと口大に切る。
2　ボウルに酢だこと1を入れ、Aを加えてあ
　　える。

「酢だこの甘みと酸味を、キウイの甘酸っぱさと大根おろしのさっぱりが包み込んだ、
意外なようで、意外じゃない組み合わせ。ひと口で相性のよさがわかるはず」

◎いか塩辛

「フレッシュならではの、いかの甘みにわたのコク。
このなんともいえぬうまみが味わえるのは手作りならでは。柚子皮のせん切りを添えて」

◎するめいかの酒盗干し

フライパン、または魚
焼きグリルなどでさっ
と炙って食べる。

「炙ってマヨネーズと一味をふって。日本酒に合う〜」

◎いか塩辛

材料（作りやすい分量）
するめいか…2はい
塩…大さじ1
酒…大さじ1
A
｜しょうゆ…小さじ2
｜みりん…小さじ2

1 いかはわたを引き抜き（胴体の中のくっついている部分をそっと指ではずし、やさしく引き抜く）、墨袋を取り除いて目から下を切り落とす（a）。ゲソの下の方は切り落とし、指でかたい吸盤をしごいて取る（b）。

2 1のわたをまきすにのせ、全面にしっかり塩をまぶして冷蔵室で6時間おく（c）。

3 胴体の皮をむき、エンペラをはがして胴体を開く。内側もペーパータオルでていねいにふき取る。わたがついていたところと、軟骨がついていたところの両脇はかたいのでそぎ取る。下側の縁は5mmほど切り落とす。エンペラは真ん中のかたいところを切り落とし、半分に切る。ともに細切りにして酒で洗う。

4 2を裏ごしし（下の方から少しずつ、わたがとびちらないようにやさしく行う）（d）、Aを混ぜ合わせる。

5 3と4を混ぜ合わせて保存容器に入れ、冷凍室で1日おき、食べる際に冷蔵室に入れて解凍して食べる。

＊ 冷凍するのは、いかにはアニキサスなどの寄生虫が多いので、死滅させるためです。

＊ ゲソは、するめいかの酒盗干し（p.149）にしたり、さっと焼いたりしてください。

＊ わたの上についている白子、または卵は、火を通せば食べられるので出てきたものを胴体に詰め直して煮てもおいしいです。

＊ トンビ（口の部分）は、炙って食べるとおいしいので捨てずに。黒い殻部分が鋭利なので、気をつけて取りはずしてください。

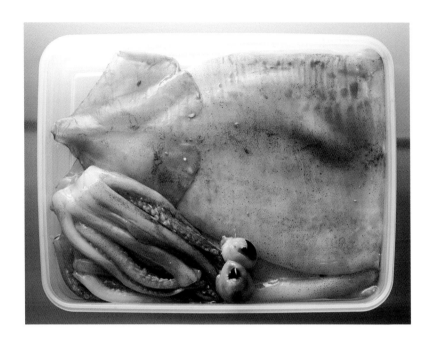

◎するめいかの酒盗干し

材料（作りやすい分量）
するめいか…2はい
A
┊かつお酒盗（甘口）…大さじ4
┊酒…1/2カップ

1 いかは「いかの塩辛」（p.148）の作り方1と同様に下処理する。トンビはとっておく。

2 胴体は開き、わたがついていたところと、軟骨がついていたところの両脇はかたいのでそぎ取る。

3 鍋にAを入れ、火にかける。煮立ったら弱火にして2分ほど煮詰め、火を止めてそのまま冷ます。

4 わたは適当な大きさに切って（a）包丁でたたき、3と混ぜ合わせる。

5 2とゲソ、トンビを4に入れ（b）、表面にぴったりラップをして冷蔵室で1時間ほどおく。

6 5の汁けを軽くふき、ざるに並べて2時間ほど干す（c）。

●塩辛じゃがバター

材料（2人分）
じゃがいも…2個
塩…少々
バター…10g
いか塩辛（p.148）…40g
黒こしょう…少々

1 じゃがいもは洗って皮つきのまま丸ごと
鍋に入れる。水をひたひたに注いで塩を
加え、火にかける。煮立ったら弱火にし、
アルミホイルをかぶせてやわらかくなる
までゆでる。

2 半分に切ってバターといか塩辛をのせ、
こしょうをふる。

「自家製塩辛を使って、ぜいたくに濃厚じゃがバター。塩辛にバターのコクが加わっておいしさMAX！」

●もやしいか炒め

材料（2人分）
するめいかの酒盗干し（p.149）…1/2ぱい分
もやし…1袋
塩…ふたつまみ
みりん…大さじ1
ごま油…大さじ1
万能ねぎ（小口切り）…適量
一味唐辛子…少々

1 するめいかの酒盗干しは細切りにする。
2 フライパンにごま油を熱し、1を炒める。半分くらい火が通ったらもやしを加え、塩をふって炒め合わせる。もやしに火が通ったらみりんを加えてさっと炒め合わせる。
3 器に盛り、万能ねぎと一味をふる。

「シャキシャキのもやしにいかのおいしさがしみた、地味だけど、滋味あふれるひと皿」

◎鮭焼き漬け

材料（作りやすい分量）
生鮭（切り身）…400g
A
　だし昆布…3g
　酒・ざらめ糖・みりん
　　…各大さじ3
　しょうゆ…大さじ6

1　鍋にAを入れ、火にかける。ひと煮し、ざら
　　め糖が溶けたら火を止め、そのまま冷ます。
2　鮭は小骨を取り除き、水けをふいてひと口大
　　に切る。
3　魚焼きグリル、またはフライパンで2を両面
　　焼く。中まで火が通ったら、保存容器に移し
　　入れ、1をまわしかける。表面にぴったりラップ
　　をかけ、2時間以上おいて味をなじませる。
　　途中、上下を何度か返す。

「鮭の甘みとほんのり甘みがきいただしじょうゆが好相性。お弁当にもどうぞ」

◎鮭フレーク

材料（作りやすい分量）
生鮭（切り身）…300g
塩…少々
A
　酒…大さじ3
　薄口しょうゆ…大さじ1と1/2
　みりん…大さじ2

1　鮭は全体に塩をふって20分ほどおいて
　　水けをふく。
2　スプーンで1の身をこそげ、ほぐす（a）。
　　小骨があったら取り除く。
3　フライパンにAを入れ、火にかける。煮
　　立ったら2を加え、弱火にしてほぐしな
　　がら火を入れる。

「自家製ならではの、ふわふわ鮭フレーク。
お弁当のおかずにも、炊き立てのご飯にも、サラダに加えたりしても」

しもつかれ

材料（2人分）
大根…200g
にんじん…50g
油揚げ…1枚
酒粕…30g
大豆水煮…50g
鮭フレーク（p.153）…100g
A
　だし汁…1/2カップ
　しょうゆ…小さじ1
　みりん…小さじ1

1　大根とにんじんはすりおろす。
2　油揚げは細切りにして半分の長さに切る。
3　小鍋に酒粕と水少々を入れてのばし、火に
　　かけて煮溶かす。
4　別の鍋に1、2、大豆水煮、鮭フレーク、A
　　を入れ、弱火にかけて15分ほど煮る。
5　3を加えて2〜3分煮る。

「しっとりふわふわの鮭フレークと、油揚げのうまみが大根とにんじんにじんわりしみしみ。
ご飯にのせてバクバクどうぞ」

● 鮭マカロニサラダ

材料（2人分）
玉ねぎ…1/2個
きゅうり…1本
塩…適量
マカロニ…100g
バター…10g
鮭フレーク（p.153）…50g
A
⋮マヨネーズ…大さじ3
⋮練り辛子…小さじ1/3
黒こしょう…少々

1 玉ねぎは薄切り、きゅうりは薄い小口切り
  にする。それぞれ塩少々をふってもみ、し
  んなりしたらさっと洗って水けをしっかり
  しぼる。
2 マカロニは熱湯に塩少々を加えて袋の表示
  時間通りにゆでる。ざるにあけ、ゆで汁を
  きってバターをからめる。
3 ボウルに1、2、鮭フレーク、Aを入れてさっ
  とあえ、器に盛ってこしょうをふる。

「鮭フレークがあれば、ちょっと豪華なマカロニサラダもチョチョイのちょい！
味つけはマヨネーズと辛子のみ。あとは鮭フレークにお任せあれ」

◎さばカレー南蛮漬け

材料（作りやすい分量）
さば…1尾
塩…少々
長ねぎ…1本
A
　だし汁…2カップ
　砂糖…大さじ2
　薄口しょうゆ…大さじ4
　酢…1/2カップ
　みりん…1/4カップ
　カレー粉…大さじ1
赤唐辛子…2本
小麦粉…適量
揚げ油…適量

1　さばは3枚におろし、塩をふって20分ほどおいて水けをふく（a）。骨抜きで小骨を取り、ひと口大に切る。
2　長ねぎは斜め薄切りにする。
3　鍋にAを入れて混ぜ合わせ（b）、火にかける。煮立ったら火を止め、2と赤唐辛子を加えてそのまま冷ます。
4　1に小麦粉をまぶし、180℃の揚げ油で3分ほどカリッと揚げて（c）3に漬ける。粗熱がとれたら冷蔵室に入れ、2時間以上おく。

「ほんのりきかせたカレーの風味が、いつもの南蛮漬けにひと味アクセントをプラス」

◎銀だら粕漬け

材料（作りやすい分量）
銀だら…6切れ
塩…少々
A
：酒粕（練り粕）…180g
：白みそ…60g
：酒…大さじ1と1/2
：砂糖…150g
：みりん…大さじ5

1　銀だらは塩をふって20分ほどおき、出てきた水けをふく。
2　Aを混ぜ合わせて1の全体にぬる（a）。保存容器に入れ、冷蔵室で2〜3日おく。

「ふんわり肉厚な銀だらに、じっくりうまみをしみ込ませた粕漬けの大定番。
酒粕と白みその甘みがひと口ごとにしみ渡ります」

漬け床を洗って水けをふき、焦
がさないようにフライパンや魚
焼きグリルで焼く。好みで大根
おろしとすだちを添えても。

◎ ぶりのにんにく煮

にんにくもいっしょに
のせてどうぞ。

材料（作りやすい分量）
ぶり…4切れ
A
　酒…180ml
　砂糖…30g
　しょうゆ…70ml
　みりん…大さじ6
　水…360ml
にんにく（薄切り）…3片分

1　ぶりはひと口大に切って熱湯にくぐらせ、霜
　　降りにする。まわりについたアクや汚れを取
　　り、水けをふく。
2　鍋にA、にんにく、1を入れ、火にかける。
　　煮立ったら、やや弱火にしてアルミホイルを
　　かぶせ、15分ほど煮る。火を止め、そのま
　　ま冷ます。

「冷蔵庫にあると安心するもの。お弁当のおかずにも、ご飯のおかずにも」

漬け汁をきって、フライパンや
魚焼きグリルなどで両面焼き目
がつくまで焼く。好みで大根お
ろしとすだちを添えても。

◎ぶりの柚庵漬け

材料（作りやすい分量）
ぶり…4切れ
柚子…1/2個
A
┊酒…1/2カップ
┊しょうゆ…1/2カップ
┊みりん…1/2カップ

1 ぶりは水けをふく。柚子はぶつ切りにする。
2 保存容器にAを混ぜ合わせて1を入れ、冷蔵
　室で1時間漬ける。

「おいしい脂がのったぶりを、あっさり味の漬け地と柚子とともに。これも定番中の定番」

◎あん肝含め煮

材料（作りやすい分量）
あん肝…500g
しょうが…10g
ごぼう…1/3本
長ねぎ…1本
A
：酒・しょうゆ…各3/4カップ
：砂糖…80g
：水…4と1/2カップ
：だし昆布…5g
：赤唐辛子…2本

1　あん肝は薄い膜や筋を取り除き（裏側のつるん
　　としていないほうの薄い皮をやさしく引っぱ
　　り、包丁を使って取り除く）（a）、3等分に切る。
　　氷水に10分ほどつけ、血抜きする。血管の中
　　の血も指の腹でやさしくこすりながら押し出
　　し、取り除く（b）。
2　しょうがは薄切り、ごぼうは5cm長さ、長ね
　　ぎは3等分の長さに切る。
3　鍋にAと2を入れ、火にかける。煮立ったら5
　　分ほど煮て、1の水けをふいて加える。
4　再び煮立ったら弱火にして20分煮る（c）。火
　　を止め、ペーパータオルをかぶせてそのまま冷
　　まし、冷蔵室で1日おく。

「口に入れるとほろっとくずれて、とろっととろける。ごぼうと長ねぎにもうまみがしみしみ」

◎ 牡蠣とごぼうのみそ煮

材料（作りやすい分量）
牡蠣むき身（加熱用）…300g
塩…少々
ごぼう…80g
A
　酒…1カップ
　砂糖…大さじ4
　白みそ…大さじ4
　信州みそ…大さじ2
　水…1カップ
粉山椒…少々

1 牡蠣は塩水で洗い、熱湯にさっとくぐらせて水けをきる。

2 ごぼうはささがきにし、さっと洗って水けをきる。

3 鍋にごぼうとAを入れ、火にかける。煮立ったら弱火にして10分ほど煮る。

4 1を加え、牡蠣がぷくっとするまで弱火で2〜3分煮て火を止める。粉山椒をふり、そのまま冷ます。

「白みその上品な甘みと牡蠣のうまみが同時にジュワッ！」

◎牡蠣のオイル漬け

材料（作りやすい分量）
牡蠣むき身（加熱用）…300g
塩…少々
しょうが…20g
A
┊ しょうゆ…180ml
┊ みりん…大さじ4
B
┊ サラダ油…1/2カップ
┊ オリーブオイル…1/4カップ

1 牡蠣は塩水で洗い、熱湯にさっとく
　 ぐらせて水けをきる。
2 しょうがはせん切りにし、さっと水
　 で洗って水けをきる。
3 鍋にAと2を入れ、火にかける。煮
　 立ったら1を加え、鍋をゆすりなが
　 ら牡蠣がぷくっとするまで火を入れ
　 る（a）。ざるに上げ、粗熱をとる（煮
　 汁はとっておき、炒め物などに使う
　 といい）。
4 保存容器に3の牡蠣を入れ、Bを注い
　 で（b）冷蔵室で半日以上おく。

「ひと口ごとにおいしい牡蠣汁がジュワッ。漬け地の油にはオリーブオイルを加えて風味をプラス」

牡蠣と柿 春菊のサラダ

材料（2人分）
柿…1/2個
春菊…1/3わ
A
⋮牡蠣のオイル漬けのオイル…大さじ2
⋮牡蠣じょうゆ（市販品）…小さじ1
⋮酢…大さじ1
牡蠣のオイル漬け（p.166）…6粒
白いりごま…小さじ1
黒こしょう…少々

1　柿はくし形切りにし、さらに横半分に切る。春菊は葉を摘み、長ければ半分に切る。
2　ボウルにAを混ぜ合わせ、1、牡蠣のオイル漬け、白ごまを加えてあえる。
3　器に盛り、こしょうをふる。

「Wかきのスペシャルなひと皿。牡蠣のうまみ、柿の甘み、春菊の苦みで完成する至極の味わい」

乾物

dried food

◎
ひじき煮

材料（作りやすい分量）
ひじき（乾燥）…50g
A
:酒…大さじ4
:砂糖…大さじ1
:しょうゆ…大さじ3
:みりん…大さじ2
油…大さじ2

1　ひじきはたっぷりの水につけ、やわらかくもど
　　す（長ひじき＝30分、芽ひじき＝10分を目安
　　に）。
2　1の水を2〜3回取り替え、最後に流水で洗っ
　　てざるにあけ、水けをしっかりきる。
3　フライパンに油を熱し、2を入れて油がなじむ
　　まで炒める。Aを加えてたまに混ぜながら汁け
　　がなくなるまで煮て火を止め、そのまま冷ます。

「定番ひじき煮を、その後も使いやすいようにひじきのみでシンプルに作ってみました。
あとは好みで肉や魚に合わせたり、卵でとじたりして味わってください。
そのままご飯に混ぜて、即席混ぜご飯とかもありですよ！」

◉ひじき煮 レタス 油揚げのサラダ

材料（2人分）
レタスの葉…3枚
油揚げ…1枚
ひじき煮（p.170）…100g
A
　おろしにんにく…小さじ1/2
　塩…少々
　酢…大さじ1
　油…大さじ1

1　レタスは細切りにして水にさらしてシャキッとさせ、ざるにあけて水けをきる。

2　フライパンを油をひかずに温め、油揚げを入れて両面カリカリに焼く。細切りにして長さを半分に切る。

3　ボウルに1、2、ひじき煮を入れ、Aを加えてさっとあえる。

「ほんのりきかせたにんにくと酸味が食欲をそそるサラダ。ひじきもレタスもモリモリ食べられる！」

● 豚しそひじき炒め

材料（2人分）
長ねぎ…1/2本
大葉…10枚
豚こま切れ肉…200g
A
　・酒…大さじ2
　・塩…少々
ひじき煮（p.170）…100g
黒こしょう…少々
油…大さじ1

1　長ねぎは斜め薄切りにする。大葉は軸を
　　切ってざく切りにする。
2　フライパンに油を熱し、豚肉を炒める。色
　　が変わったらAを加えて炒め合わせる。
3　ひじき煮と長ねぎを加えて炒め合わせ、長
　　ねぎがしんなりしたら大葉を加えてさっと
　　炒める。
4　器に盛り、こしょうをふる。

「豚肉のジューシーさをほどよく吸収したひじき煮と、長ねぎのやさしい甘み、
大葉のさわやかな香りでまとめた炒め物」

◎切り干し大根煮

材料（作りやすい分量）
切り干し大根…50g
油揚げ…2枚
A
　だし汁…2カップ
　砂糖…大さじ1
　しょうゆ…大さじ3
　みりん…大さじ3

1　切り干し大根はボウルに入れ、たっぷりの水で軽くもみ洗いし、水を捨てる。新しい水をひたひたに加えて15分ほどもどす。ざるにあけ、水けをきる。長かったら食べやすい長さに切る。

2　油揚げはせん切りにしてから長さを半分に切る。

3　鍋に1、2、Aを入れ、強火にかける。煮立ったら中火にし、汁けがほぼなくなるまで煮る（a）。火を止めてそのまま冷ます。

a

「乾物の煮物といえば、大定番のこれでしょう。覚えておくと何かと使えますよ」

● 切り干し大根 五目ごまあえ

材料（2人分）
ピーマン…1個
しいたけ…2枚
にんじん…50g
じゃがいも…1/2個
もやし…50g
塩…少々

A
　白すりごま…大さじ2
　おろししょうが…小さじ1
　しょうゆ…小さじ1
　みりん…小さじ1
切り干し大根煮（p.174）…150g

1　ピーマンは細切り、しいたけは石づきを落として薄切り、にんじんとじゃがいもはマッチ棒くらいの細切りにする。
2　鍋に湯を沸かし、1ともやしをさっとゆでてざるにあける。熱いうちに塩をふって冷ます。
3　ボウルにAを入れ、切り干し大根煮と2を加えてさっとあえる。

「切り干し大根のうまみに、ピーマンの青々しさがいいアクセント。
にんじんとじゃがいもも、切り干し大根とともにモリモリ食べられます」

◎油揚げ時雨煮

材料（作りやすい分量）
油揚げ…5枚
しょうが…40g
A
┊だし汁…3/4カップ
┊酒…大さじ6
┊しょうゆ…大さじ3
┊みりん…大さじ6

1　鍋にたっぷり湯を沸かし、油揚げを1枚ずつ
　　入れて10秒ずつゆでる。ざるに上げて水け
　　をきり、手ではさんで軽くしぼって短冊切り
　　にする。
2　しょうがはせん切りにしてさっと洗う。
3　鍋に1、2、Aを入れ、強火にかける。煮立っ
　　たら中火にし、たまに混ぜながら汁けが少し
　　残るくらいまで煮る。火を止め、そのまま冷
　　ます。

「油揚げにたっぷりしみた煮汁のうまみ、油揚げのコク、しょうがのキリッとした味わいが続く幸せ」

● きつねご飯

材料（2人分）
絹さや…6枚
塩…少々
ガリ（市販品）…30g
ご飯（温かいもの）…400g
白いりごま…大さじ1
刻みのり…適量
油揚げ時雨煮 (p.176)…1枚分

1 絹さやは筋を取って熱湯でさっとゆで、塩
をふって冷まして斜め半分の長さに切る。
ガリはみじん切りにする。

2 ご飯にガリと白ごまを加え混ぜ、器に盛る。

3 刻みのりをちらして、油揚げ時雨煮、絹さ
やを順にのせる。

「ガリをきかせた酢飯風ご飯に、のりをちらして油揚げ時雨煮をのせるだけでこの通り。
あぁ、作っておいてよかった、と毎度思わせてくれます」

● 油揚げと水菜おろしあえ

材料（2人分）
水菜…1/3わ
大根…150g
A
：酢…大さじ1
：みりん…大さじ1
油揚げ時雨煮（p.176）…1枚分

1 水菜は熱湯でさっとゆで、冷水にさらす。
　水けをしっかりしぼって3cm長さに切る。
2 大根はすりおろして汁けをきってAと混ぜ
　合わせる。
3 油揚げ時雨煮と水菜を2でさっとあえる。

「おろしに合わせた酸味が、油揚げ時雨煮の煮汁の甘みと合わさって、ほんのり甘くてあっさり、さっぱり。
食べ飽きないおいしさ」

◎ かんぴょう甘煮

材料（作りやすい分量）
かんぴょう…100g
塩…小さじ1
酢…大さじ2
A
⋮酒…1と1/2カップ
⋮ざらめ糖…250g
⋮しょうゆ…1カップ
⋮水…1と1/2カップ
わさび…適宜

1　かんぴょうはぬるま湯に10分ほど浸す。
2　1の水けをきって塩と酢をふって手でよくも
　　み、水で2〜3回洗い流す。
3　鍋にたっぷりの湯を沸かし、2を15分ほど
　　ゆでる。やわらかくなったら水にさらし、水
　　けをしっかりしぼって適当な長さに切る。
4　鍋にAを入れ、火にかける。煮立ったら3を
　　加えて煮汁が少し残るくらいまで煮る（a）。
　　ざるに上げ、そのまま冷ます。
＊　保存容器に入れ、冷蔵室で1週間ほど保存可。
＊　わさびを添えてつまみにしても。

a

「まずは自分で煮てみてください。かんぴょうがこんなにもおいしいものだったと気づくと思います」

●かんぴょう きゅうり わさびあえ

材料（2人分）
きゅうり…1本
塩…少々
かんぴょう甘煮（p.180）…50g
A
┊ ごま油…大さじ1
┊ わさび…小さじ1
白いりごま…小さじ1

1　きゅうりは斜め薄切りにし、塩をふって
　少しおき、しんなりしたら水けをしぼる。
2　かんぴょう甘煮は5cm長さに切る。
3　ボウルに1と2を入れ、Aを加えてさっ
　とあえる。
4　器に盛り、白ごまをふる。

「かんぴょう甘煮をごま油とわさびであえるだけ。
かんぴょうのしっかりした味わいできゅうりを食べる。そんな感じのひと皿」

材料（2本分）
万能ねぎ…5本
豚バラ薄切り肉…6枚（約200g）
かんぴょう甘煮（p.180）…100g
塩…少々
酒…大さじ2
レモン…1/4個
柚子こしょう…少々

1　万能ねぎは10cm長さに切る。
2　豚肉を少しずつ重ねて並べ、1とかんぴょう甘煮を芯にしてきつめに巻く（a、b）。半分くらい巻いたところで豚肉を切り、残りの豚肉で同様にもう1本巻く。全体に塩をふる。
3　フライパンを油をひかずに温め、2の巻き終わりを下にして入れる。しばらくしたら転がしながら全体に焼き目をつける。酒をふって弱火にし、ふたをして蒸し焼きにする。
4　ひと口大に切って器に盛り、レモンと柚子こしょうを添える。

「かんぴょう甘煮を豚肉で巻いてボリュームアップ。
ジューシーな豚肉の甘みとかんぴょうの煮汁のうまみでおいしさ2倍」

◎干ししいたけうま煮

材料（作りやすい分量）
干ししいたけ…200g
A
： 砂糖…200g
： しょうゆ…240ml
： みりん…120ml

1 干ししいたけはさっと洗ってひたひたの水に
つけて30分ほどおく。水を捨て、新しい水
を2ℓ注いで表面にぴったりラップをかけ、
冷蔵室で1日おいてもどす（a）。
2 1の軸を落とし、鍋に入れる。もどし汁を注
ぎ入れて火にかけ、煮立ったらアクをこまめ
にひきながら、30分ほど煮る。
3 Aを加え、やや弱火にして煮汁がほぼなくな
るまで（b）、たまに混ぜながら煮る。火を止
め、そのまま冷ます。
＊ 保存容器に入れ、冷蔵室で1週間ほど保存可。

「こまめにアクをひきながら煮るからクリアな味わいに。
じわじわしみ込ませていった煮汁が口の中でジュワッと広がる幸せを味わってください」

材料（2人分）
長ねぎ…1/2本
干ししいたけうま煮（p.184）…4枚
牛切り落とし肉…200g
A
┊酒…大さじ1
┊しょうゆ…大さじ1
油…大さじ1
一味唐辛子…少々

1　長ねぎは白い部分は斜め薄切り、青い部分
　　は小口切りにする。
2　干ししいたけうま煮は薄切りにする。
3　フライパンに油を熱し、牛肉を炒める。色
　　が変わったら斜め薄切りにした長ねぎを加
　　えて炒め、Aを加えて炒め合わせる。
4　2を加えてさっと炒め、器に盛って小口切
　　りにした長ねぎと一味をふる。

● 肉ねぎしいたけ

「干ししいたけうま煮の深い味わい、牛肉のうまみ、長ねぎの甘みが大集合。
麺とあえたり、ご飯にのせてもいいですよ」

材料（2人分）
えび…6尾
塩…少々
にんにく…2片
干ししいたけうま煮（p.184）…5枚
オリーブオイル…3/4カップ
赤唐辛子…1本
塩昆布…5g
バゲット…適量

1 えびは殻をむいて背わたを取り除き、軽く塩をふる。
2 にんにくは半分に切って芯を取り除く。
3 干ししいたけうま煮は4等分に切る。
4 小さめのフライパンにオリーブオイルと2、赤唐辛子を入れ、弱火にかける。香りが立ったら、1と3を入れ、塩昆布をちらす。たまに混ぜながらえびに火が通るまで煮る。
5 バゲットを食べやすく切ってトーストし、4に添える。

「干ししいたけうま煮と塩昆布で、まさかのえびのアヒージョが完成。
しかもあっという間！」

◎豆腐のおひたし

材料（作りやすい分量）
木綿豆腐…2丁
A
　だし汁…1ℓ
　薄口しょうゆ…1/2カップ
　みりん…1/2カップ

1　豆腐は水けをふき取り、1丁を4等分に
　　切る。
2　鍋にAを入れ、火にかける。煮立ったら
　　1をそっと入れ、弱火にして20分ほど、
　　中心が温まるまで火を入れる（a）。火を
　　止めてペーパータオルをかぶせ、そのま
　　ま1日おく。

「豆腐をおひたしに。ありそうでなかった、しみじみおいしい常備菜。そのまま食べるで充分おいしい」

材料（2人分）
明太子…1腹
万能ねぎ…3本
ごま油…小さじ1
豆腐のおひたし（p.188）…1丁分
豆腐のおひたしの浸し汁…少々

1　明太子はほぐす。万能ねぎは小口切りにする。
2　1とごま油を混ぜ合わせる。
3　豆腐のおひたしを器に盛り、豆腐のおひたしの浸し汁を少しはって2をのせる。

◉ねぎ明太奴

「明太子で追いうまみをして、おもてなしの一品完成！」

笠原将弘（かさはら まさひろ）

東京・恵比寿の日本料理店「賛否両論」店主。日本料理を日本に、世界に知ってもらい、味わってもらうべく幅広く活動中。本書は、長年にわたるお店での仕込みの技と手法、愛情が詰まった、日々にも使える常備菜集。料理人 笠原将弘の総決算的な一冊で、今日から食卓が変わる！　『鶏大事典』『超・鶏大事典』『「賛否両論」おせちの本 完全版』（すべて小社刊）など、日本料理のスキルを高める著書多数。

「賛否両論」
東京都渋谷区恵比寿2-14-4
TEL　03-3440-5572
https://www.sanpi-ryoron.com/

賛否両論 笠原将弘 常備菜大事典
さんぴりょうろん　かさはらまさひろ　じょうびさいだいじてん

2022年4月30日　初版発行
2024年3月15日　再版発行

著者／笠原 将弘
かさはら まさひろ
発行者／山下 直久
発行／株式会社KADOKAWA
〒102-8177　東京都千代田区富士見2-13-3
電話0570-002-301（ナビダイヤル）

印刷所／TOPPAN株式会社

●お問い合わせ
https://www.kadokawa.co.jp/ （「お問い合わせ」へお進みください）
※内容によっては、お答えできない場合があります。
※サポートは日本国内のみとさせていただきます。
※Japanese text only

定価はカバーに表示してあります。